子供たちに伝えたい「本当の日本」

神谷宗幣 著

今日からできる12のアクション付き!

青林堂

はじめに

時代は今、かつてない大きな変革期を迎えている。

僕たちはまさに、文字通りの「激動の時代」の真っ只中を生きているんだ。世界に目を向けてみれば、トランプ政権によるアメリカ政治の方向転換がもたらす様々な影響を筆頭に、5Gをめぐる米中の熾烈《しれつ》な覇権争い、欧米やアラブ諸国で頻発しているテロリズムなど、挙げたらキリがなくなるほど、問題は山積している。

そしてそうした世界情勢の影響は当然、日本にも及んでいる。例えば、天皇陛下の御譲位、日本経済の停滞の中の増税、人口減少。それから外国人労働者受け入れ拡大、水道事業などのライフラインへの外国企業の参入。これまでに考えていなかったことや国の形を変えてしまうような動きが、いよいよ顕在化し始めて一気に加速しているということは、誰の目から見ても明らかだろう。

でも、僕たちはここでただTVを眺めて、現状を嘆いている場合じゃない。それは決して対岸の火事などではなく、当事者として受け止めなければならない出来事なのだから。そんな呑気なことは言っていられないんだ。たしかに今、悲観的なニュースは世の中にたくさんあふれている。けれど、そこで思考停止して立ち止まったままだったら、問題は先送りするばかりでその改善はいつまで経ってもできない。

だからこそ、みんなで状況を把握して、目標を共有してアクションを起こす。

このことが今、すごく重要で価値あることだと思ってる。

これは僕の言葉で言えば、**一人一人がそれまで眠っていたスイッチをオンにすること**。いや、もっと言えば、「そうせざるを得ない時期」がいよいよ到来した、と言い換えることもできると思う。

とは言え、実際にどうやってアクションを起こしていいのかわからない…と思い悩んでいる人は案外多いんじゃないかな。


日本が大変なことになりそうだと漠然とは感じている。

そして、自分も何かしなければならないと思う。

でも、具体的に何をしたらいいのかわからない。

考えても考えても答えが見つからないから、そのうち考えることをやめてしまう。

こういう人は、けっこうたくさんいると思うんだ。こうして偉そうなことを書いている僕だって、まだ何かを成し遂げたわけじゃない。20年ほど前に問題に気が付いて、少しでも変えたいと思ってもがいている一人だ。

この本には僕が20年かかって考えてきたことや、いろんな先生から教えてもらったことのエッセンスだけをわかりやすくまとめている。

最終的に一人一人が眠っているスイッチをオンにして、具体的なアクションを起こしてもらえるような内容にしたいと思って、構成は大まかに次のような流れになっている。

まず歴史のテーマからスタートして、日本が世界の中でどんな状況に置かれているのか？その立ち位置を把握した上で、具体的にどんな行動をしていったらいいのかということをアクションプランもいくつか提示しながら進むべき方向を示していく、というもの。

今の日本の課題だけを挙げて、具体的な行動計画がなかったり、逆に行動計画ははっきりと提示されていてもそこに至るまでの前提、例えば歴史など日本の立ち位置がわからなかったら、実際のアクションに繋《つな》がらなかったりすることも、往々にしてあるから。

人が実際に行動できるのは、「なぜ？」がクリアになる時だと思う。もっと言えば、その「なぜ？」の答えが、ただ教科書や参考書に書かれているような出来事の記載ではなく自分でちゃんと納得して得られる解答で、「ああ、そういうことだったんだ！」って、ハッとなって腑《ふ》に落ちるような瞬間。つまり、「**単なる情報があなたの行動を支える知恵に変わる時**」だと思っている。そういう意味では、最初の歴史の章が特に重要だったので、ここはわかりやすさに重きを置いて、長い時間軸の中でも特に重要となるここ500年の歴史にフォーカスして、本当にポイントだけ凝縮した内容で書くようにした。

きっと目からウロコのこともたくさんあると思うけれど、それは後のお楽しみということで（笑）。


さて、話をもとに戻して。

「ピンチはチャンス」という言葉があるけれど、今ってまさにそういうタイミングじゃないかと、僕は感じている。問題は多いけれど、その問題が困難であればあるほど、その裏にはものすごいチャンスが潜《ひそ》んでいるはずだ。幕末じゃないけれど、困難な時代でないとヒーローは生まれてはこない。

そう考えたら、激動の今、僕たちは試されているのかもしれないよ。ただ、**ピンチの裏にすごいチャンスがあったとしても、それに気付く人が一定数以上現れないと、現状は変わらないんだ。**

世界はおもしろいほどに、その人の見方、捉え方によって創造されるとするならば、今この混沌《こんとん》とした時代を「もうお先真っ暗」と捉えるか、「たしかに大変な時代だけど、だからこそ変化のものすごい可能性を秘めている」と捉えるかによって、その後の世界は大きく変わってしまうということになる。しかもそれは、ちょっとした違いなんかじゃなく、天と地ほどの違いと言えるくらいのものだと思ってる。

２０１９年を境に、人々の意識は誰の目にも明らかなレベルで、一気に二極化していくというサインを多くの人が出している。そういう意味では、２０１９年は「イシキカイカク」のラストチャンスと言っても、決して言い過ぎではないと、個人的には思っているんだ。これまで「じわじわ」と水面下で変化してきた意識は、いよいよ臨界点に達して、一気に大きな転換を遂げようとしている。現に、今年、来年というのは、のちのち確実に歴史に残る重大イベントが重なっている年でもある。

一つは、天皇が譲位されて元号が変わり、「平成」から「令和」になったこと。そしてもう一つは、世界のスポーツの祭典、オリンピックが東京で開催される予定があることだ。

こういう歴史的に重要な出来事は、人々の意識に影響を与える出来事になるだけではなく、それまで潜伏していたものが一気に表に出る時だということは言うまでもない。つまり、そんな大事な時期だからこそ、僕はあなたに自分が感じていることや、今までの発信を整理してまとめたメッセージを伝えなければいけない。いや、伝えるべきだと思ったんだ。

僕は地方議員をやって、さまざまな経験の中から多くのことを学んだ。その後は議員時代に築き上げた人脈と信頼できる情報網を生かして、ユーチューブ動画で「ＣＧＳ」を立ち上げ、現在はそれをさらに大きなうねりにしていこうと、「**イシキカイカク大学**」というリアルとネットの学び場を運営している。

そうした場で学んでくれている人たちには情報の整理の材料として、または第三者に今の学びを伝播《でんぱ》させるツールとして、この本をつくろうと決めたんだ。それから、「ＣＧＳ」や「**イシキカイカク大学**」を知らない人の中にも、何かに気付いて次のアクションを起こしたいと思っている人たちはきっといるはずだから、そういう人たちに、この本が一つの良いきっかけになれば、と思っている。

この本を読んで、自分の中に眠る本気スイッチに気付いて、そのスイッチをオンにしてアクションを起こせる人たちが増えていったら、僕にとってこんなに嬉しいことはない。

第1章

なぜ「イシキカイカク」が必要なのか

僕は海と山に挟まれた、福井県の小さな町で生まれ育った。

小学校の前半はのび太くんのように何をやってもダメで、自分はダメな人間だと思い込んで、何も積極的に取り組むことをしない子供だった。でも、5年生の時、担任の先生が「お前にはリーダーの素質がある」と言って学級委員をやらせてくれた。役割を与えてもらえれば、意外と僕は人をまとめるのが得意だと、この時気が付くことができた。

ちょうど同じころ初恋の女の子がいて、その子は背も高く、運動も勉強もできた。その子に自分のことも意識してもらいたくて、早朝の走り込みをやってみた。するとグングン走れるようになり、気が付けば学年一足が速くなっていた。

小さな自信を持ったことで、僕の人生は一変し、6年生では学力も学年トップクラスになり、児童会長をやるようなキャラに変わっていた。


人は自分の意識の持ち方次第で、人生を変えることができる。

自分にブロックをかけているのは自分自身だ。


このことを人生の早い段階で学べたことは、僕の宝物だ。

挫折や失敗は成長の糧

中学校でも運動や勉強を頑張って、生徒会長もやった。でも、人よりものごとができるようになった僕は少し傲慢《ごうまん》な人間になっていた。それでいい友達関係をつくることができず、孤独な学校生活を過ごし、中3では学校の先生たちと揉《も》めて、ボイコットと称して2週間ほど山口県まで家出をして、ちょっとした問題になった。

この反省から、高校に入ってすぐに彼女をつくろうと思った。理由は一つ、自分の本音をちゃんと語れる相手が欲しかったからだ。2ヶ月ほどで2つ年上の彼女ができたけど、初デートでフラれてしまった。自分が15年間考えてきたことなどを一所懸命に話し、「重い」と感じさせてしまったのが原因だ。僕はこの時、ただ自分のことを誰かにちゃんと知ってほしかっただけだった。

そしてこの失恋をきっかけに、僕は受験勉強をしなくなり、学校にもちゃんと行かなくなった。それは、**いくら勉強や運動ができても、人をまとめる役職についても、自分の大切な人に好かれない人間では人生が虚《むな》しすぎる**、ということを悟ったからだ。

そして、真剣に考えた。どうしたら自分が大切だと思う人に、認めてもらえる人間になれるんだろう？　って。

「艱難汝《かんなんなんじ》を玉《たま》にす」って言葉を知ってるかな。

挫折や苦労が人を成長させるって意味なんだけど、失恋から始まった高校生活は、僕に立ち止まり考えるきっかけを与えてくれたんだ。

マイナスの状態のときは成長のチャンスだよ。

「イシキカイカク」のきっかけとなった海外留学

高校では本当に勉強をしなかったから、クラスメートと比べるといい大学には行けなかった。大学に行っても楽しくなかったし、せっかく親にお金を出してもらっているのにダラダラ過ごすのはもったいないと思って、大学1年の終わりに海外で勉強しようと決めた。

一旦、目標を決めてからの行動力は、我ながら結構すごい（笑）。

その日以来、サークルなどを辞め、バイトをいくつも掛け持ちして、2年間お金を貯めてカナダに渡った。

この留学が僕に「イシキカイカク」を起こさせる、大きな転機になった。きっかけは、人一倍熱心に勉強しているアジアの学生たちと仲良くなろうと思って一緒に食事に行った時の、彼らからのこんな質問だった。

「君は日本人として、これからの日本をどうしていきたいと思っているの？」

あまりにも突然の質問に、僕は最初、頭の中が真っ白になってしまった。なぜかと言うと、これまで僕は自分の国をこうしたい！　なんて、一度も考えたことがなかったから。

あなたがもし外国人にこう聞かれたら、なんて答えるだろう？

不意打ちを食らった僕は、苦し紛れに質問をこう返した。

「君たちは、自分たちの国をどうしていきたいと考えているの？」

その場には、2人の外国人がいたんだけど、2人合わせて3時間も熱く語ってくれた。日本にいたら、自分の国のことを真剣に考えて語る機会なんてない。少なくとも、僕はこれまでそんな経験をしたことはなかった。だから彼らの熱のこもった話に、僕はかなりの衝撃を受けたんだ。

彼らの話の流れはこうだった。自分たちの国にはこういう歴史があって、今の状態がこうだから、これからこうしていきたい。そのために自分たち若者がそれぞれ何をするのか、ということ。

彼らに出会う前、僕は自分のことしか考えていなかった。でも、彼らは全く違っていたんだ。

彼らは、もちろん自分も幸せになりたいけど、自分のまわりにある家族や国に貢献しよう、自分以外の存在のために何かを成し遂げようとする、強い想いをもっていた。

自分以外の存在のために頑張れる人は、内側からにじみ出るパワーやバイタリティが違う。

僕はそんな彼らの姿に、完全に圧倒されてしまった。そして思った。

僕自身が彼らに負けることは、かまわない。しかし、日本人でこんな想いをもった若者を僕は知らない。将来、世界が狭くなって、僕らがこんな海外の若者たちと同じ職場で働けと言われたら、僕たち日本人は果たして肩を並べることができるだろうかと。

そんな危機感をもったのだ。そこで、僕は考えを改めた。

一年間大学を休学したのに、机に座って英語だけを勉強するのはもったいない。もっと世界をみて、多くの若者と話して、真剣にこれからの生き方を考えよう、と。

そう考えた僕は、バックパックを背負ってカナダを後にした。それからは、北アメリカ、西ヨーロッパ、北アフリカと20近い国々を回って、世界のリアルを体験することになった。

そこでさまざまな現実を目の当たりにした僕は、「日本に生まれて良かった」と感謝する反面、「なんでこの〝リアル〟をちゃんと教えてくれなかったんだ」と、時に大人たちを恨んだりもした。

だってもっと早く知っていたら、僕は絶対に違う生き方をしていたと思ったから。でもこの時世界のリアルを知り、肌で触れたことで、この時僕の中に、確実に変化が起こり始めていた。

そこで日本に帰って大学に戻って、学生仲間に投げかけてみた。

「俺たちってこのままでええんかな？」

「自分のことだけと違って、国の行く末とかも考えへんとあかんのちゃう？」

でも、しばらくすると仲間から避けられ、

「アイツは変な宗教に入ってる」と言われるようになった。

今となっては笑い話だけど、当時は本当にショックだった。

それ以来、29歳で市議会議員になるまで、社会問題や政治のことは、なるべく人に話さないようにした。日本ではそういう話がタブーだってわかったし、変な人だって言われたくなかったから。

でも、自分の考えを親しい先輩に伝えたら、全く別の反応が返ってきた。

「オマエ、そんなこと考えてんのやったら、政治家になれよ〜!」と。

先輩は冷やかしのつもりで言ったんだと思うけど、僕は、「確かにそうかも!」と思って、政治家になることを決めた。素直すぎる（笑）。

この時将来、政治家になると決めた僕は、就職活動をせずに、人生の保険として教員免許を3つ取り、チャレンジとして司法試験の勉強を始めた。政治家になるためには、地盤（選挙区・ネットワーク）、看板（肩書き・知名度）、鞄（お金）が、必要だと聞いたけど、当時の僕には何もなかったから、一から自分の力で作らないといけないと考えたんだ。

そして大学を卒業する頃の僕は、「**政治家になって、教育を変えて、日本の若者の意識を変える**」なんていう青臭い想いに燃えていた。

しかし、人生はそう甘くない。

その後、僕の人生には大きな試練が待っていたんだ。

それは大学を出て間もない、ある日のこと。福井の母から電話があって、「お父さんの会社が潰れそうだから、帰ってきて」と、いきなりカミングアウトされたのだ。そこですぐに実家に帰ると、いきなり借金の話を聞かされ、父親は「俺の生命保険で支払ってくれ」なんて言い出す始末。

あまりにも突然で、しかもこれまで知らなかったことを聞かされた僕は、これからどうしようかと途方に暮れつつも、そこから3年、地元福井の高校で仕事をさせてもらいながら、父親の会社の再建に取り組んだ。しかし力及ばず倒産処理をすることになった。

当時の僕には婚約者もいたんだけど、遠距離恋愛の上に、仕事が大変で優しくできなかったからなのか、これもある日突然、「他の人の子供を妊娠したから別れて」と言われてしまった。

ただでさえ、会社が潰れてしんどい時期に、婚約者からの突然の宣告。「金なし、仕事なし、住むところなし」の最悪のタイミングに追い打ちをかけるように、とどめの一撃を食わされて、さすがにこの時は「死にたい」と思った。

今思えば、多分、うつ状態だったと思う。先生のくせに学校に行きたくなかったし、勉強だって全然頭に入らなかった。というか、机の前に座ってすらいられないくらい、どん底の状態だった。

こんな状態だから、政治家になることはもはやどうでもよくなっていた。むしろ、こんなに大変なんだから、ちょっとくらい悪いことをしても生きていかなきゃ、くらいに思っていた。

神様は乗り越えられない試練を与えない

僕は今、こんな本を書いているけれど、そんなに大した人間ではない。

弱くてズルいところがたくさんあるし、これまで何度も目標から逃げている。

だからしんどい人の気持ちもよくわかるし、世の中とか人のことなんてどうでもいいって思う人の気持ちもわかっているつもりだ。

でもその一方で、逃げ出すとキリがないことも知っている。逃げるのは簡単だけど、そうやってずっと逃げ続けていたら、ずっと後悔することになるっていうことが、経験上よくわかるから。

でも実際には、自分で気持ちを高めて頑張るというのは、なかなか難しい。

だからこそ、僕は仲間をつくることが、すごく大事なことだと思っている。

みんなで励まし合って頑張っていけば、大概のことは乗り越えていける。

僕も一人の友人のこんな言葉に救われた。

「神様はその人が乗り越えられない試練は与えない。大きな試練がある人は、神様に見込まれた人なんだよ」

この時、なんで自分だけがこんな目に遭うんだと、親や社会を恨んでいた僕の気持ちが一瞬で切り替わった。

「僕は不幸なんじゃなくて、期待されているのか」と思えるようになったんだ。

本当に素直な性格でよかった（笑）。

こんな風に自分を鼓舞してくれる友人は人生の宝物だ。以来僕は、困っている人がいたら慰めるんじゃなくて、鼓舞することで応援するようにしている。

それから、困難なことをする時には「まず仲間を集めよう」と考えるようになった。

この本もそのために書いているのかもしれない。

一度どん底を経験して、死んだ気になっていたから、これからの人生は余生みたいなもんだと思い切り、26歳の僕は1000万円近い借金をすること覚悟して、法科大学院に進学した。弁護士になって、もう一度、政治家を目指そうとしたんだ。

しかし、28歳の時に議員インターンにいったことがきっかけで、若いうちに政治家をやってみたいと気が変わった。そこで選挙の２ヶ月前に立候補を決めて、29歳で大阪の吹田市で市議会議員になった。

生まれ育った場所でもない。知り合いもほとんどいない。大学院の仲間と、夜逃げ同然で大阪に出てきていた家族だけで選挙をやって、まぐれで当選させてもらった。

神様はいるのかも知れない。そう思って、政治活動をスタートした。

だけど、政治の世界は厳しかった。そこは、正しいことを言えば支持されるという世界ではなかったからだ。でも、やれることは大抵やった。

市議会では自分で会派も立ち上げ、副議長までやった。それから大阪の中では当時の橋下《はしもと》徹《とおる》知事ともグループをつくったし、全国をキャラバンで回って「**龍馬プロジェクト全国会**」という全国区の政治団体もつくった。

だから、もちろん悔いはない。でも、これまでのアプローチでは、政治の力で日本の教育を変え、若者の意識を変えるのは30年かかっても難しいと感じた。そう思いながら市議会議員として税金をもらって活動していくのが辛かった。

そこで僕は、２０１２年の年末に市議会議員を辞めて自民党から衆議院選挙に出た。

５年半の政治活動の総決算のつもりで、持てるものはすべて出し切って訴えたけれど、選挙の直前に選挙区を変えたこともあって、メディアで人気のある政党の候補者に完敗した。

しかしこの選挙で当選しなかったことが、結果的に僕にやるしかない状況を与えてくれることになったんだ。

本当のことを知ったら人生だって変わる！

無職になった僕は、２０１３年に自分の会社を立ち上げた。事業の柱は、教育と情報発信。

僕はこれまでの政治活動を振り返って、いろいろな先生や専門家の方のお話を聞く機会があったけれど、そこで気付いたのは「**日本人には本質的な情報が知らされていない**」ということだった。もちろん情報を受け取るツールはＴＶ、インターネット、ラジオ等たくさんある。

でもメディアから流れてくる情報は、僕からすると、ほとんどが本質的ではない情報ばかりだった。

「今の世界や日本はどんな仕組みで回っているのか」
「今の日本をつくるきっかけとなった戦争にはなぜ突入して、なぜ負けたのか」
「なぜ日本の経済は成長せず、若者が貧しくなっていくのか」
「日本人として何を大切にして、どう生きていけばいいのか」

こうした大切なことを国民に考えさせ、より良い生き方を選択させるきっかけになる情報が驚くほど表に出てこない。

その結果、間違った認識や選択をして、人生に迷ってしまう人も多くいるように感じる。**本当のことを知れば、もっと人生の可能性も広がるし、エネルギーも出てくるのに、そういう大切なことを知らないばっかりに、目的やビジョンもなく、なんとなく人生を送ってしまう人があまりにも多い。**

これは、すごくもったいないことだ。だから、もっと本質的な情報を伝えたいと思った。間違った情報を受け取ればそのままだけど、本当のことを知ったら、世の中の見方が変わって、意識も変わる。より良い人生を送るための「イシキカイカク」を起こすことができるはずだから。そしてそれが、僕が本当にやりたい教育だったから、それを本気でやろうと改めて決意して、新たなスタートを切ったんだ。

最初の情報発信は、インターネットチャンネルで。「チャンネル・グランドストラテジー」の略で、「CGS」という番組名にした。これは日本語にすると、大戦略番組。「**日本を立て直すための大戦略を、みんなで考えませんか?**」というメッセージを、この「CGS」で、どんどん発信していこうと考えた。

そして2018年からは、「CGS」の視聴者などを集め、「イシキカイカク大学」というネットとリアルで学べる大学も運営し始めた。ここの主旨は半年で100時間、情報のシャワーを浴びてもらうことで一気に意識を変えてもらい、同じ感性を持つ仲間と具体的なアクションを起こしてもらうことだ。

ちなみに「CGS」や「イシキカイカク大学」では、歴史をはじめ、教育、経済、軍事、文化、それから食や健康まで、いろいろなテーマを扱っている。一見、全く違ったジャンルに見えるかもしれないけど、実はそこに僕なりの考えがある。まずは、いろんなジャンルがあることで、興味のあるところから入っていけるというメリットがある。だから入り口は、いろいろあったほうがいい。そして、学んでいくうちに、これまでの情報がつながる瞬間がやってくるんだ。

「ああ、これってこういうことだったのか!」と、だんだんと事実や情報の奥にあるものが見えてくるようになるから、結果的に全部の情報が生きてくるようになる。これは例えれば、山に登ることにも似ているかもしれない。登り口はいろいろあって、それは自由に選べる。それで最初は、一歩ずつ登って先が見えないかもしれないけど、頂上に近づくにつれて視界が広がって、一気にいろんなことが見えてくるという、まさにそんな感覚だ。

そして、何より僕自身がそうやって設計しているから、すごくやりがいもある。最初はほとんど知識のなかった人が、半年、1年経つと、自分なりの意見を持てるようになって、本質的なことをズバリ突いてきたりすることがあるから。

そしてこんな時、僕は思う。

受け取る情報が変わると、こんなに人は変われるんだ。意識が変わって、生き方まで変わってしまう、と。

僕から見ても、そういう人たちは、最初とはまるで別人というくらいに大きく変化していく。そして何よりも嬉しいことは、その人たちが最初に出会った時よりも、ずっとイキイキしていること。表情も変われば、考えも変わって、中には「世界が変わった」という人までいる。僕が何を言いたいかというと、つまり、日常的に触れ続ける情報は、それくらい大事だっていうことだ。

長い自己紹介になったけど、僕がなぜみんなに情報を伝えていきたいかを知ってもらいたくて詳し目に話してみた。

この本では、こうした思いで僕がこれまでの活動を通して学んできた、本質的な情報のエッセンスの部分をみんなに伝えていきたいと思う。

第2章
世の中の仕組みと日本の立ち位置を知る

では最初に、歴史の話から始めていきたいと思う。

まず、この500年くらいの間に世界がどういうふうに動いてきたのか？　と言うことからスタートしていくね。

なぜ、この500年くらいの歴史の話から始めるかというと、ちょうどこの間に起こった出来事とその背景を知ることで、**今の日本の置かれている状況や、世界の中で日本がどんな立ち位置にあるのかということ**が、よ〜く見えてくるからなんだ。今、世界で起こっていることをすべて把握するのは大変だけれど、歴史は過去の人間の生き様だから事実がある程度わかっているし、資料による検証もできる。そのパターンを理解すれば、今の世界の出来事もだいたい推察することができるようになるから、これほど効率のいい学びはないと僕は思っている。

ただ、今からする話はみんなが学校で学んできたものとはかなり違うから、すんなり受け入れられない人もいると思う。これは歴史に限ったことじゃない。だからもしそうなったとしたら、自分を大きく変えるチャンスだと思って、前向きに受け止めてほしい。**僕が言っていることと、自分が信じていたことのどちらが本当のことなのか、インターネットや本で調べて欲しいんだ。**僕もこれまでいろんな先生から学んできて、葛藤《かっとう》しながら自分の考えをまとめてきた。みんなも自分自身の頭で考えながら消化していってね。

自分の国の歴史をちゃんと知ることは、のちのち確実に自信に繋《つな》がっていくと思うし、今の立ち位置を知ることができれば、これから具体的にどういうアクションを起こしていけばいいか、わかるようになるから。

例えば、「日本にはなぜ米軍基地があるのか？」「なぜ今、憲法改正のことが、こんなにも議論になっているのか？」というような時事問題について、自ら関心を向けて、自分なりの考えを持てるようになる。

「大航海時代」は「大侵略時代」

だからそういう意味でも、ここ５００年の歴史はすごく重要なんだ。

というわけで、前置きはこれくらいにして、いよいよ本題に入りたいと思う。

ここ約５００年の歴史。大まかに言えば、コロンブスが１４９２年にアメリカ大陸を発見して大航海時代が始まって、ヨーロッパが本格的に近代化をスタートさせたところから今日に至るまでの歴史、ということになる。じっくり学べば１年はかかる話だけど、エッセンスだけ順番に見ていこう。

まず、今から500年前に、ヨーロッパを中心に大航海時代が始まった。ちなみに大航海時代というと、ものすごくロマンチックな響きがあると思うけど、これはあくまでも白人から見た、ヨーロッパの人たちから見た視点だということを、まずは心に留めておいてほしい。なぜかというと、アメリカやアジアから見た場合、全く逆の捉え方になって、「**大侵略時代の始まり**」ということになるから。

ここでまず、多くの読者が「えっ?」って、一回立ち止まることになると思う。なぜなら、学校では普通に「大航海時代」って教えられてきたはずだし、教科書にも歴史の本にも、「大航海時代」って書かれていて、「大侵略時代」っていうふうには、表現されていないから。

ここで僕が何を伝えたいのかというと……。

日本人が学校で学んできた歴史というのは、西洋側から見た歴史観が基準になっていて、日本側から見た歴史を学んでいるわけではない、ということ。もっと突っ込んでいえば、日本のことはかなりネガティブに書かれているということなんだ。これはこれからしていく話にもつながっていくことで、すごく重要なポイントになるので、まず最初に伝えておきたいと思う。

では、本題に戻ろう。

大航海時代にコロンブスのような探検家を海外に派遣していったのは、スペインやポルトガルなんだけど、なぜ彼らが海に出たのかというと、大きな理由は一つ。彼らには欲しいものがあったからなんだ。それは胡椒とか、金とか、自分たちの国では生産できないような稀少な産物。それをアジアに取りに行く目的があった、ということなんだ。

しかし、そこでアジアに行くんだったら、地中海を渡って中東を通っていくのが最短コースなわけだけど、なぜそのコースを選ばなかったのか？　という疑問がここで出てくる。その理由は、地中海と中東には当時、オスマントルコという強大な国があり、そこを抜けていくことができなかったから。つまり彼らは海に出るしか選択肢がなかった、ということになる。

でも当時は、航海技術が今ほど発達していなかったので、海を渡っていくのは船や船員を揃《そろ》えるのにお金もかかるということは目に見えていた。それでも彼らが海に出たのは、それだけ儲《もう》かる命懸けのビジネスだったから。

そこでコロンブスたちは、自分たちのビジネスプランを王様たちにプレゼンして、

「10億円の出資をしてくれたら、成功した暁《あかつき》には１００億円にして返しますよ〜」

なんてうまいことを言って、お金を集めたというわけなんだ。

ビジネスプランと言うと聞こえはいいけれど、実際にやろうとしていたことは、一言で言

うと「略奪」や「奴隷売買」（汗）。コロンブスといえば新大陸を発見した偉人、っていうイメージなんだけど、こういう史実を知ると、本当にそうだったのかな？　っていう新しい視点も生まれてくるよね。

平和に暮らしていたのに、急に船でやってきて資源や人を奪っていく一団なんて、こられた側からすれば海賊としか言いようがない。だから歴史を見ていく時、こうした奪われる側の視点も持っておかないといけないということなんだ。

白人たちによる世界の植民地化

さて、話を先に進めていくね。

ではコロンブス以降の海賊たちはどうしたのかというと、アメリカだけではなく、アフリカ、アジアへとどんどん進出して、植民地をつくっていった。植民地をつくっていく時にどういう方法で広げていったかというと、訪問先では「貿易しましょう」、「交流しましょう」といって、最初は友好モードで話をもっていくのが、一般的な入り方だった。

次に、ヨーロッパの発達した技術や洗練された宗教を教えますよ、といって、そこで宣教師を送りこんでいくんだ。宣教師と言えば、布教活動だけするイメージだけど、彼らは実際に何をしていたと思う？

実は「布教」という名目で、情報収集をしていたんだ。**わかりやすく言うと、スパイ活動ということになる。**その国には人口がどれくらいいて、富がこれだけあって、軍事力はどれくらいあって、国民にはこういう特徴があって……という風に、現地の人たちと交流しながら見聞を広げてどんどん情報を集めていったんだ。

植民地にするためには、何よりもまず、その国のことをよく知る必要があるからね。

そこで、情報を集めたら次のステップ。

彼らは一体、どんなふうに争いを仕掛けていったと思う？

その一例が、いわゆる「**分離工作**」と呼ばれているものだったんだ。

たとえばアメリカを植民地にしたかったら、原住民のインディアン同士を仲違《たが》いさせて、武器を渡して戦わせる。そして双方に死者が出て消耗したところを、今度は白人が攻めて行くという方法だ。それから、火種がないところであれば、毛皮なんかにヨーロッパで流行っている伝染病の病原菌を入れておいて、その免疫のない人たちを伝染病で死なせていくということもやった。

当時のスペインやポルトガルは、そうやってどんどん領土を広げていったんだ。でもあまりにもやり方がひどいので、国王に「やり過ぎだ」といって報告書を送った良心的な宣教師なんかがいたということも、ここで付け加えておくね。

ちなみに、これは覚えておいたほうがいいと思うので一応触れておくと、世界史で「トルデシリャス条約」と「サラゴサ条約」という有名な条約がある。

教科書には「新世界における紛争を解決するために、ヨーロッパ以外の新領土の分割方式を決めた」と書いてあるけど、これは簡単に言えば、**「スペインとポルトガルが、世界を2つに分けた」**ということなんだ。

それ以外の国々にしてみれば本当にヒドい話で、「何勝手に決めてるんだ〜」ってなるよね。現に日本なんか「サラゴサ条約」で2つに分断されてしまってるわけだし……。

今の常識では信じられないけれど、これが世界の現実なんだ。

この後で大戦の話にも触れることになると思うけれど、**「勝てば官軍」という言葉があるように、力をもって勝った方がルールを決めていくというのが人類の歴史だ。**どんなにたくさんの人を殺しても、最後に勝てば「英雄」としてそのヒーロー像は描かれていくし、負けたら逆賊として汚名を着せられたり、名前を消されてしまうこともある、ということを心に留めておいてほしい。

日本はなぜ植民地化されなかったのだろう?

スペインやポルトガルが宣教師を先兵にして、世界を侵略していったという話はしたけれど、日本にもあの有名な宣教師が来ていたよね。そう。それが、スペインの宣教師フランシスコ・ザビエル。彼が日本にやってきたのは、１５４９年だったよね。この年は１４９２年のコロンブスの航海からおよそ60年後で、日本史だけ見ていると１５４９年にザビエルが突然日本にやってきたということになるけど、実際にはスペインがそれまでにいろいろな国を植民地にした後に、ようやく日本に辿《たど》りついたということなんだ。ポルトガル人も、１５４３年に鉄砲を持って来ているしね。

では、ザビエルが日本にやってきた１５４９年の日本がどんな時代だったかというと、みんながよく知っている織田信長《おだのぶなが》が15歳で齋藤道三《さいとうどうさん》の娘とちょうど結婚したくらいの時期。つまり、日本は戦国時代の真っ只中だったということだ。

当時の日本の状態には、ザビエルも相当の衝撃を受けたと思う。なぜかと言うと、当時のスペイン、ポルトガルは火薬や銃を持っていて、軍事力で世界中に植民地をつくっていっていて、「向かうところ敵なし」だったはずだから。ところが東洋の果ての小さな島国に来てみたら、武装して戦える人間が何十万人もいる。**これまで植民地にした国でこんな国は他になかった**。そこで日本の内情を知った宣教師たちは、「この国は、簡単に征服できない。かなり手強《ごわ》い」と脅威を感じ、本国にそう報告を送っている。

よく考えてみれば、日本はかなりラッキーだったと思う。なぜかというと、世界中がスペインとポルトガルの軍事力でどんどん制圧されて植民地になっている時代に、たまたま日本は戦国時代で、武装している人たちが多かったから。もしこの時代に、日本が平安時代のような状態だったら、日本は占領されていた可能性が高い。

とは言え、スペインもポルトガルもそう簡単には諦めなかった。戦国時代でみんな争っているんだから、自分たちに協力してくれる人がいないか、じっくり調べ上げたんだ。もし協力してくれる勢力があれば、他の国でやったように武器などを渡して内部で争わせておけば自分たちに有利な立場に立てるだけでなく、日本全体を弱体化することができるから。

そこで、彼らが目を付けたのがキリシタン大名といわれる人たちだ。実際に、キリシタン大名は、鉄砲や火薬を手に入れるために自分たちの同胞である日本人を、奴隷として渡し、火薬などと交換していたという記録も残っている。そういうことが当時の日本のトップの豊《とよ》臣《とみ》秀《ひで》吉《よし》の耳に入って、秀吉がスペインらの思惑を知って、「バテレン追放令」が出るんだ。

バテレン追放令といえば、「宗教弾圧」というイメージが強くて、秀吉がキリスト教を弾圧しようとしていた、と理解している人も多いのかもしれない。でも秀吉は、庶民のキリスト教の信仰自体は認めていた。ただ、**布教活動を名目に日本を侵略しようとすることを、阻止しようとしていたんだ。**

しかし、スペイン・ポルトガルはそれでもまだ諦めない。どんどんキリシタン大名を増やして、寺社仏閣の焼き討ちをしたり、島原の乱などを裏で支援したりして、内部分裂をどんどん加速させていったんだ。完全に鎖国を完成させたのは１６３９年だから、バテレン追放令が出されてから50年かかってやっとブロックできたことになる。それほどスペインやポルトガルの勢力は厄介だった。

余談だけど、秀吉は、「朝鮮出兵」（文禄・慶長の役）を行なったけれど、あれは朝鮮に出兵したのではなく、大陸の明《みん》を攻めに行ったんだ。秀吉が明を攻めて、さらにインドまで進出しようとしたのは、スペインやポルトガルの世界侵略に日本も対抗しようとしていたという説もある。

けれども、**こうした史実や日本からの視点を僕らは学校で教わっていない。**日本は封建社会で、キリスト教が領民支配に邪魔だったから宣教師やキリシタンを迫害したとか、秀吉が年でボケて朝鮮を植民地にしようとしたといった「ウソ」を信じている人がほとんどではないだろうか。

近代以降も欧米に屈しなかった日本

では、話を戻して鎖国以降の歴史を見ていこう。

江戸時代は、「パクス・トクガワーナ」と呼ばれる世界史でも類を見ない平和で豊かな国

づくりができていた時代だ。

江戸は100万人を超える人々で溢《あふ》れかえっていた。当時そんな人口を抱えていた都市は、バクダッドと長安と江戸しかなかったといわれている。

現に江戸は水道も通って整備されていたし、糞《ふん》尿のリサイクルも完璧で超衛生的。糞尿を道に捨てて疫病などが蔓延《まんえん》していたヨーロッパの都市とは、まるで大違いだったんだよ。さらに100万都市にも関わらず、今でいう警察は数十人程度で事足りる、という治安の良さ。

さらに、町人は経済的にも豊かだったので、歌舞伎や浮世絵など町人文化に華が咲いていたというのが、かつての江戸時代の日本の姿。貴族や王様がパトロンになって栄えた西欧の文化とは、全然違うよね。

江戸後期に日本にやってきた西洋人が、その文明度の高さに驚いている様子がたくさんの本などで伝えられている。今と比較すると**当時の日本は、世界最高水準の文明国**だったと言っても過言ではないと思う。そんなイメージはあったかな？

日本が鎖国をして平和に暮らしている間に、西洋諸国は世界中に植民地をつくっていった。その頃になるとメインのプレーヤーはかつてのスペイン・ポルトガルから、オランダやイギリスに変わっていった。特に18世紀後半にイギリスで起こった産業革命は、ヨーロッパ諸国の生産力や軍事力を飛躍的に高めたんだ。

その様子を日本人もちゃんと知っていて、中には「やばいぞ、やばいぞ」と警告を発していた人もいた。実際に、19世紀になると、ロシアやイギリスからどんどん船がやってきて、鎖国している日本に開国を迫る動きが激しくなっていたんだよ。

そんな中、１８４０年に清《しん》で起きた「アヘン戦争」は日本人に大きな衝撃を与えた。イギリスが清との貿易赤字を埋めるためにアヘンという薬物を売りつけるので、それを清の役人が取り締まったら、イギリスがキレて清に戦争を仕掛けて、香港などの領土を奪ったという、清からすると無茶苦茶な話。さすがにこれはやり過ぎだろうという声が、イギリスの議会でも上がっていたくらいのとんでもない戦争だ。

これは今でいうと海上保安庁が、北朝鮮から入ってくる覚せい剤を没収したら、北朝鮮が核ミサイルを飛ばしてきて、降伏した日本政府と交渉し、福岡あたりを領土として奪っていったという感じかな。

そんな有り得ないことが１５０年ほど前には、当たり前に起きていたということを知っておいてほしい。

そこでこのアヘン戦争を見ていた当時の日本人は、「ああ、次は日本にやってくるぞ」と警戒した。中には軍備を整える藩もあったんだ。**現代の多くの日本人はこうした先見性と危**

機管理能力を失っている。世界はリスクで溢れているのに日本だけは大丈夫と思い込んでいる人がほとんどだ。ここはしっかりと、歴史から学ばないといけない。

そして、1853年にマシュー・ペリーが浦賀にやってきた。

ただ、ペリーはいきなり浦賀にやってきたわけではなく、最初は沖縄に来ていた。**当時から狙いは沖縄だったんだと、僕は思っている。**

ペリーは沖縄で交渉するんだけど、琉球《りゅうきゅう》政府がのらりくらりかわすので、幕府と交渉するために浦賀にやってきたんだ。そこで幕府に「1年待ってほしい」と言われると、アメリカに帰らずに沖縄に戻って、半年後にはまた横浜にやってきて、砲艦外交で日米和親条約を結び、また沖縄に行って琉球王国とも琉米修好条約を締結して沖縄に拠点をつくっている。こんなことは教科書に書いてないよね。

日本にはペリー来航を好意的に記念するような場所があるんだけど、そういったものを見ると、日本人はつくづく人がいいというか、本当の歴史を知らない人たちが多いんだな、と思ってしまう。

ペリーは来航前に、日本を追放されたシーボルトなどから情報を収集し、日本人の特性をよく分析していて、脅した方が効果的だと知って交渉をしていた人物で、アメリカにおけるロスチャイルド代理人、オーガスト・ベルモントの義理の父でもあった。ペリーの「日本遠征日記」などは読んでおくと彼の考えがよくわかる。こうやって彼の背景を調べるだけでもいろいろなことが見えてきて、**かなり戦略的に日本を開国させ、列強の市場経済の中に日本を引き込もうとしていたことが推察できる。**そんな人物の来航を記念してどうするんだろうと思ってしまうのは、僕の性格が悪いからだろうか。

そんなペリーの後任でその後やってきたのが、タウンゼント・ハリス。彼は１８５８年に、日米修好通商条約を日本と締結した人物だ。この条約では、日本に関税自主権が十分に認められず、外国の治外法権を認めるということになってしまったんだ。

関税自主権が十分でないから自国の産業を守れなくなるし、**また、ハリスは日本貨幣とアメリカ貨幣との交換比率を自分たちに都合よく決めて、日本の貨幣を海外に持ち出し両替して大儲けしていたんだ。**ここで日本の経済がガタガタにされたことは、想像に難くないよね。

治外法権なんて、もっとヒドい。当時の日本には西洋のような憲法や法制度がなかったので、「法律が整備されていない国で裁判はできない」と言われて、外国人が日本で悪いことをしても、日本では裁けないことにされてしまった。例えば、自分の彼女や娘が外国人に乱暴をされても、警察や司法が守ってくれない状態だったら、あなたはどう思うかな。

もっと言えば、欧米人たちからすれば、こういうことは法律以前に、そもそも罪とは思っていなかったんだ。なぜかというと、「肌の色が違う」からだ。当時の欧米人にとっては黒人や黄色人種はまるで、家畜と同じ扱い。だから売り買いもＯＫだし、自分の所有物だから殺したってかまわない。

日本人からしてみれば信じられないことかもしれないけれど、彼らはそういう価値観で、世界を植民地化していったんだ。これはアメリカの黒人奴隷の悲惨な話にも象徴されるように、日本もそういう風に悲惨な状況に追い込まれそうになった歴史があることを、ちゃんと知っておかなければならない。

そんな状態で、当時の日本人が黙っていられるはずはない。当然「外国勢力を追い出してしまえ」という世論が沸き起こる。いわゆる「攘夷《じょうい》運動」ってやつだ。

ただ、**政権を運営する徳川幕府は、欧米の軍事力をよく理解していていたから、戦いは何としても避けようとした。もし日本を代表する幕府が負けてしまうと、国全体が植民地にされてしまう可能性があったから。**

当時存在した３００の藩の中で、特に軍事力を持っていた藩は、そうした幕府の弱腰に我慢がならず、薩摩《さつま》藩や長州藩がイギリスなんかと個別に戦争をしていくことになる。

当時は藩というものが、一つの国のような存在だったんだけど、一つ一つは小国レベル。

それが世界最強のイギリスと戦おうなんて無謀だと思うだろう。ところが当時のサムライは気合いが入っていて、局地的だけれどイギリスらとかなりいい戦いをする。するとイギリスの側も「**日本人は侮れない。他のアジアの国ように簡単には植民地にできないぞ**」と気が付くことになったんだ。

そこで欧米諸国は作戦を変えた。**直接自分たちが戦うのではなくて、内部で戦わせておいて弱ったところを叩くという方法に切り替えたんだ。**これって、どこかで聞いた話じゃない？　そこでイギリスは薩摩と長州について、両藩の若者を自国に留学させて仕込んでいく。一方、フランスは幕府について軍事顧問を派遣したり武器などを援助していく。

こうして起こったのが、世に言う戊辰《ぼしん》戦争だね。外国勢力にとってはどちらが勝ってもよかった。なぜかというと、**戦争の仕掛け人である商人は、裏でちゃんとつながっていたから。どちらが勝っても勝った方からお金を巻き上げ、借金のかたに領地を分捕っていって、最終的に植民地支配してしまえばよかったからだ。**

しかし、日本人だって馬鹿じゃない。

当時の日本人は欧米人の思惑もわかって、付き合っていた。このことは当然江戸幕府の最後の将軍・徳川慶喜《とくがわよしのぶ》もわかっていたし、薩長軍のトップの西郷隆盛《さいごうたかもり》だってわかっていた。だから幕府は戦えば勝てたかもしれないけれど、勝海舟らの説得で江戸を無血開城したんだ。

戊辰戦争の死者は双方合わせて８５００人程度。国の統治者が入れ替わる大変革の戦争でこの死者の少なさは、世界史に類を見ない。日本人として当時の為政者に感謝したい気持ちだ。

アジアの小国から世界の強国、そして大東亜戦争

こうした流れで出来上がったのが、明治政府だ。**明治政府の国是は「強い国をつくって日本を西洋列強の植民地にしない」**ということだった。

ただ、強い国をつくるという目的は一緒でも方針は分かれた。アジアの国々と連帯していく方法と、西洋列強に迎合していく方法だ。

まず、日本精神やアジア人としてのプライドを持ってやっていこうという代表的な政治家は西郷隆盛。映画「ラストサムライ」のモデルになった人物と言われているね。一方、そんなことでは西欧に対抗できない、日本の独自性を削ってでも列強の仲間入りをするんだ、という政治家の代表は大久保利通《おおくぼとしみち》。西郷の幼馴染《おさななじみ》で親友だった人物だ。

その後政治的な争いでどちらが勝ったかということは、みんなも知っているよね。大久保たちが勝って、西郷は自害し、日本は西洋化に大きく舵《かじ》を切ることになる。この時にそれま

での江戸幕府の政治は全否定され、廃仏毀釈《きしゃく》なども進められた。中には公用語を日本語から英語に変えようという政治家もいたほどだ。

僕は、明治政府のやったことが良かったとは思っていない。どう考えても江戸時代の方が、国民の暮らしも教育も質が高かったように思うから。けれども日本は、他のアジアの国のような植民地にはされなかったんだから、大久保らの手腕にも感謝すべきだと考えている。**この辺の評価は人によっても違うから、こうした教科書に載っていない視点をもって、それぞれに考えてみてほしい。**

明治以降の日本の躍進は実際に、世界で類を見ないほど凄《すご》かった。

これは多くの青年たちが「坂の上の雲」を目指して突っ走ってくれたおかげだ。１８６８年に新政府ができて、わずか36年後の１９０４年後には世界最強の軍事力を持つと言われたロシアに日露戦争で勝ってしまったんだから。ちなみにこの時日本に資金提供したのはジェイコブ・シフというユダヤ人。彼らはヨーロッパ全域に金融ネットワークを張っていたが、当時のロシアにはまだロマノフ王朝という強い王権があって、金融を握るユダヤ人は迫害されていたんだ。そのロシアとはイギリスと戦わせていたけれど、ロシアはかなりの強敵でイギリスもかなり弱っていた。そこでそのロシアに、日本をぶつけようと考えたんだと思う。

しかし、まさか彼らも日本がロシアに勝つとは思ってもみなかっただろう。日本との戦いで弱ったロシアを後で叩くくらいの算段だったと思うんだけど、結果的には日本が奇跡的に勝利を収めた。

これは**近代における有色人種が白人国家に勝った初の戦いで、アジアや中東の国々の大きな希望になったんだ。**実際に日露戦争後には、「日本に学べ」とたくさんの留学生が世界から押し寄せたし、トルコなどではこの時の日本軍人の名前を子供につけるくらいの熱狂ぶりだった。こうした**日露戦争の日本の勝利は、世界的に有名な出来事だから知っておかないと海外に出た時に恥ずかしいことになる。**是非覚えておいてほしい。

余談だけど、日本に敗れたロシアのロマノフ王権は、その後も工作活動を受けて1917年のロシア革命で滅亡することになる。そしてロマノフ王家は皆殺しにされた。この時の革命家に資本提供していたのもユダヤ人を中心とした資本家たちだったんだ。これも教科書には書かれてない。

日露戦争に勝った日本は、日英同盟を継続し、第一次世界大戦にも参戦。戦勝国となり、米・英・仏・伊と並んで世界の5大国になった。これは今から100年前には、日本が世界のルールを決められる立場にいたっていうことなんだよ。さらに1919年のパリ講和会議では、**日本が世界で初めて「人種的差別撤廃」を提案している。**

これはとても勇気ある提案で、日本人としてはそれが正義だったと思うけれど、歴史的に見ると「虎の尾を踏んでしまった」とも言える。

なぜかと言うと、白人の国家は世界中を自分たちの植民地にして、奴隷貿易などをして経済を回していたのに、自分たちよりも劣等な民族だとみていた日本がたったの40～50年で成り上がってきて、こんな訴えをするなんて調子に乗っているように見えたに違いないからだ。

既に日清戦争後には、ドイツのヴィルヘルム２世らが、「**黄禍論**《おうか》」**といってアジアの国が西洋（キリスト教国）に災いをもたらすという思想**を広めていたんだけど、まさにそれが現実化するように感じられたんじゃないかな。

だからそこで、「日本は気に入らないから、徹底的に潰そう」ということになってしまった。この後、日英同盟が破棄され、アメリカでは排日移民法が作られて、中国大陸ではユダヤのお金と繋《つな》がった支那の軍閥らのテロを受けて、内陸への戦いに引きずり込まれる。そして、最終的に日本は国際連盟も脱退させられ、孤立することになってしまったんだ。国がまだ弱かった時は、欧米に遠慮していた態度を見せていたけれど、一等国となった途端、自分たちの正義を主張してしまったことが仇となった。これは戦略的に考えてもよくなかった。それから、少し強気になっていた部分もあったんだと思う。その結果が、日本の国際的孤立。

１９３０年代後半になるとＡＢＣＤ経済包囲網を張られて、日本は大東亜戦争に追い込まれていくことになる。天皇陛下も当時の首相の東条英機《とうじょうひでき》も望んでいなかった、アメリカとの戦争。しかし、国民の血を流して手に入れた、たくさんの日本人が生活する領土をすぐに渡せとか、外国との約束をすぐに反故《ほご》にしろという無理難題を押し付けられて回避することができなかったんだ。このことは巻末資料につけた**昭和天皇の「開戦の詔書《しょうしょ》」にしっかり書いてあるから読んでみてね。**こんな貴重な資料こそ教科書に載せないとおかしいよ。

ちなみにアメリカの指導者の方は、ソ連や中国と既に打ち合わせができていて、日本を潰して分割しようなんて戦う前から話していたんだから、やる気満々だったこともわかっている。中国なんかには、「日本が世界征服をたくらんでいる」っていう偽の文章を世界中にばら撒《ま》かせて、自分たちが日本を袋叩きにしても他の国から非難が出ないようにもしていた。本当に用意周到というより他ない。

アメリカとソ連は戦後に冷戦なんかをやっているから、仲が悪いというイメージだけど、裏ではお金でしっかり繋がっている人たちがいた。また後でも話すけど、**お金の流れを追っていくと、世界の戦争や紛争はその多くが、商人たちと彼らが影響力を持つ国家の茶番劇だということが、うっすら見えてくる。**

こうしたことを戦前にもしっかりわかっていた日本人はいたし、そんなことをまとめた本も出ていたけど、戦後日本が占領されていたときに全部没収されてしまったんだ。また、それから外国のスパイもたくさん日本に入り込んでいて、国内で日本にどんどん戦争をさせようと煽《あお》っていたということもわかっている。

なぜ戦争をさせたいかって？　戦わせて負けさせて、自分たちの思い通りにコントロールするためさ。

ちょっとわかりにくいかな？　では現代に例えて話してみよう。

言うことを聞かない気にくわない奴がいるとするだろう。そうしたら、挑発してわざと自分を殴らせて、裁判で訴えて多額の損害賠償を請求して、借金まみれにしてからお金を貸す。そこで、自分の言いなりにする、みたいな感じをイメージしてみるとわかりやすいかもしれない。

ちなみにコントロールするためには、その国の国民性とかもちゃんと理解してないといけないから、**戦争を仕掛ける前からアメリカは日本人研究をちゃんとやらせていたんだよ。**敵ながら、あっぱれだね。

こうした歴史を学ぶと、**日本は仕組まれた罠《わな》にはまってしまった、**ということがわかるだろう。

大東亜戦争の目的は、日本の自立を守り、白人の支配からアジアを解放することだった。勝つ見込みのない無謀な戦争だったと学校で教わったと思うけど、最初は破竹の勢いで日本が勝っていたんだよ。米、英、仏、蘭に、長いところでは300年以上、植民地にされていた国々を一気に解放していった。解放されたアジアの人々は歓喜したんだ。だって自分たちと同じ肌の色の日本人が、絶対に勝てないと思っていた白人を短期間で追っ払ってしまったんだから。**この日本の解放をきっかけに、アジアの国々は独立していくことになる。**この辺は各自で詳しく調べてみてね。

ここで驚いたのは、白人たちの方さ。包囲網を張って袋叩きにするつもりが、逆に自分たちが連敗していくんだから。僕らのおじいちゃんたちは、強かったんだね。しかし、その現場の兵の強さに慢心した軍の首脳部は、食料や武器の補給も十分に考えないまま、戦線を広げすぎた。そしてミッドウェー海戦という戦いで、圧倒的有利な戦力だったにもかかわらず、慢心なのかスパイ工作なのかわからないけれど、日本は大惨敗し、以降負け続けていくことになる。ちなみに**アメリカでは、ミッドウェーの勝利は奇跡だと言われている。**

現場の日本兵士たちは悲惨だった。海と空をアメリカに奪われ、補給がないから戦闘よりも飢餓で死んでしまうような状況で、武器もないから爆弾を抱えた突撃なんかで戦ったんだ。しかし、そんな圧倒的な戦力の前でも、日本人は戦い続けた。

アメリカは日本での本土決戦をシミュレーションしたんだけれど、日本人は死を恐れずに戦うから、これをやられてしまうと何人兵隊が死ぬかわからない。それだと国民の反対で戦争を続けられないかもしれないと日本を心底恐れアメリカがやったのが、東京などでの大空襲。そして最後の決定的なとどめが、原子力爆弾だった。

大航海時代と同じ、いやそれ以上の、大虐殺だよ。

戦争にはちゃんとルールがあって、兵隊以外は殺しちゃいけないということになっているんだ。

にも関わらず空襲や原爆では、一般市民が無差別に殺されてるよね。**こんな残虐な事態は、完全に違法行為なんだ。**だから本来であれば、やったアメリカ人は国際法廷で処罰をされないとおかしい。

しかし、何度も言うけれど「勝てば官軍」。誰も処罰なんてされなかった。

日本軍はこの時、まだ戦えたけれど、これ以上戦うと一般国民が大虐殺されるから駄目だと、昭和天皇が戦争を止めてくださった。でももし、日本に天皇がいなかったとしたら、間違いなく戦争はもっと続いていただろうね。もっとたくさんの日本人が死んで、日本はアメリカとソ連なんかに分割されていた可能性が高いと思う。

このあたりは、巻末資料の「終戦の詔書」を読んでおいてね。

ちゃんと戦争をやめる理由を、天皇陛下御自身の言葉で語ってくださっているから。

ポツダム宣言と戦後、そして現在

こうして日本軍はポツダム宣言を受諾して降伏をし、ついに日本が白人の手で作り変えられてしまうことになる。

占領時に象徴的だったのは、占領軍（以下GHQ）のトップとしてやってきたマッカーサーが、1853年にペリーが船に掲げていた星条旗を持ってきたことだ。

彼らの「ついにやったぞ」という想いが伝わってくる。

この旗は、日本が敗戦の調印をさせられたミズーリ号の甲板の上に今でも飾られているから、ハワイの真珠湾に行く機会があれば、見てくるといいよ。

そんなことから始まった日本の解体政策を、簡単に伝えておきたいと思う。

①国の形（＝国體《こくたい》）を定める憲法を作りかえる

②軍隊を放棄させる（憲法9条）＝米軍基地を置いて守らせる（日米安全保障条約）

③検閲制度をつくる＝マスコミをコントロールする、焚書《ふんしょ》

④課報《ちょうほう》能力を奪う＝通信社を解体する、軍を解散させる

⑤経済力を奪う＝財閥解体
⑥地域の名士をなくし、コミュニティーを潰す＝農地解放、家長制度廃止
⑦国民と皇室を切り離す＝神道指令
⑧教育をコントロールする＝文部省をＧＨＱ傘下に入れて、教育委員会制度、日教組などをつくる
⑨日本人の精神性を破壊する＝ＷＧＩＰ，３Ｓ政策、道徳・歴史・武道の廃止

大きなものだけでも、ざっとこれくらいはある。細かいものをあげたらキリがないけれど、これらを詳しく話すとそれだけで１冊の本になってしまうくらいだから、興味がある人は本やネットで是非調べてみてほしい。

アメリカは戦争をする前から、具体的な時期で言うと江戸時代から、日本のことを調べていた。そうやってずっと調べていた日本は、実際に戦ってみたら恐ろしいほど、予想を上回るくらい強かったんだ。**命を顧みず、爆弾を抱えて戦闘機で突っ込んでいける日本人の精神力や、国を守ろう、家族を守ろうという気持ちの強さは、アメリカ人にとって脅威以外の何ものでもなかった。だからこそ彼らは徹底的に、日本を潰そうとしたんだ。**

ＧＨＱの占領目的は、公文書に残されている。

その最大の目的は、「**日本が二度とアメリカ（世界秩序）に逆らえないようにすること**」だった。

そして日本人は今、戦後、ＧＨＱがつくったこの不当な仕組みの上に生活している。

あれから憲法は一回も変わっていないし、米軍は駐留したままだ。それから、マスコミはその大半が反日だし、教育も教育委員会という責任の所在がわからない制度に委ねられてしまっている。それに他国では常識のスパイ防止法はないし、皇室は存続の危機、家族はバラバラになって、道徳は荒廃している状態。

しかし、**みんなこうした歴史を知らないから、なんでこんなことになったのか考えるきっかけがない**。

もちろん中にはそういう状況を知ってなんとかしようとした政治家もいた。

戦闘では負けてしまって不利な立場に追いやられても、「経済で負けてなるものか」と、死んだ人たちの分まで必死で戦った人々が確かにいた。もう一度日本を再建し、国民を豊かにしたいという一心で。しかし、そんな真っ当なリーダーは、なぜか病気になったり、自殺したり、失脚したりする……。

これって、何かがおかしいと思わない？

歴史の部分を一回整理しておこう。

・15世紀末から白人は「軍事力」をもって、有色人種を虐殺して世界中に植民地をつくり略奪行為をくり返した。

・16世紀に日本にもやってきたが、日本は「軍事力」で撃退し、鎖国をして世界史上まれに見る豊かな社会を形成した。

・19世紀にまた日本にやってきて、「軍事力」で開国させ、内部争いを誘発し新政府をつくらせ、お金などを貸してコントロールしようとした。

・20世紀初頭に「軍事力」をつけて世界の五大国にまでなった日本は、人種差別を世界からなくそうとまで言えるようになったが、それは白人国家に認められなかった。

・経済包囲網を張られ、コントロールされそうになった日本は負けるのをわかっていながら、白人の植民地支配をやめさせるために戦い、それが世界の有色人種の国々の独立に繋がった。日本は敗れたが世界は「軍事力」だけではコントロールできない状態に進化した。

・こうして白人のルールに400年間逆らってきた日本は、敗戦によって逆らえない国にさ

れ、現在に至る。

この流れだけ理解しておいてもらえたら、あとの細かいところは忘れても大丈夫だ。逆にここがわかっていないとこの後の話が繋がってこないので、しっかりと覚えておいてほしい。

さて、どうだろう。500年の歴史の流れをざっくりと理解してもらえただろうか？学校で習っていないこと、習ったことと違うことが結構たくさんあったよね。

ここまで読んできて、「陰謀論だ」とか「右翼的だ」なんて思った人は要注意。**誰かのマインドコントロールにはまっている可能性が大きいから。**でも僕が言っていることはまぎれもない、歴史の事実だ。だから**教科書で習ったことやテレビで聞いたことを鵜《う》呑《の》みにせずに、まず自分の頭で「なぜ今こういうことが起こっているのか」ということをよく考えて、歴史の資料や外国の方の書いた本などを参考にしながら確認してみてほしい。**僕もそういう作業を経て、今こうして本を書いているから。

以下では、上記の歴史の流れをおさえてもらった上で、「軍事」「お金と経済」「メディア」「食と健康」といった個別のテーマで日本の形を見ていこう。そしてそれぞれが繋がっていることを認識してもらえたらＯＫだ。

（軍事について）

あなたは軍事について、これまでどこかで何か学んだことはあるかな？

おそらくほとんどないというのが、大半の答えだと思う。僕だって学校では何も学んでいないから。

そう。戦後の日本では、国民に軍事的なことを一切教えなくなってしまったんだ。つまり、先に歴史について話した意味はここにある。**もし日本人が軍事について正しい情報を学んだら、自分たちの権利を主張するために「軍事力」を持とうとするだろう。**だから日本に勝った国々は、そのことを恐れて、意図的に日本にそういう教育をさせないようにしているんだ。

それだけじゃない。**「軍事」について考えること自体が戦争に繋がるなんていうマインドコントロールをかけられてしまっている人もいる。**

歴史のパートで学んできたように、ここ５００年の世界の歴史というのは実は「軍事力」にものを言わせて動いてきたともいえるんだ。だから日本も明治以降「富国強兵」のスローガンを掲げて、「軍事力」を高めてきた。しかし、自分たちの意見を主張したら包囲網を張られて、国家ごと潰されてしまった。その後日本にやってきたGHQの目的は覚えてるかな。**「日本が二度とアメリカ（世界秩序）に逆らえないようにすること」**だったよね。

そのためには、何としても日本から「軍事力」を奪い、「軍事」について考えさせないようにする必要があったんだ。そのためにGHQは日本の軍隊を解体したのち、日本の政治家たちを脅して、軍事力を放棄する憲法をつくらせた。そして、**日本に米軍基地を置いて日本の国防はアメリカに依存しないと立ち行かない状態にしてしまったんだ。**

中には自衛隊があるじゃないかと思う人がいるかもしれないけど、実は、自衛隊をつくらせたのもGHQなんだ。大東亜戦争後、1950年にお隣の半島で朝鮮戦争が起こり、米軍はそこに主力を割かねばならず、米軍だけでは極東の防衛が難しかったので、米軍をサポートする組織として自衛隊（当初は警察予備隊）をつくらせた、という経緯があった。だから今でも自衛隊は米軍がいることを前提に、国防政策をつくっている。**つまり自衛隊だけで日本を守る体制は、戦後70年以上たった今でもつくれていないということなんだ。**

たまに、米軍が守ってくれるならそれでいいじゃないか、という人もいる。

でも、あなたは自分の家の防犯をお隣の家の人に任せる？

お父さんが「俺は戦いたくないから、もし誰かが家に侵入してきたら隣の家の強いご主人に助けてもらう」って堂々と言ってたらどんな気持ちになるかな？

「お父さんってかっこいい！」って信頼できるかな？

しかも、お金を払ったり、家の一部をお隣に貸したりして、ご機嫌をとっていかないと、他人が命を懸けて守ってはくれないんだよ。

わかりやすく言えばまさに今の日本は、そんな状態にある、ということなんだ。**日米安保条約や日米地位協定という約束を結んでいて、国防の要《かなめ》を米軍に委ねている。そして全国に米軍の基地があって、その運営費も日本が負担している。また日本は武器や兵器も自国で十分につくれないから、高い金額をアメリカに払って買っている。さらに、首都である東京の空は米軍の空域になっていて、日本の飛行機は自国の空であるにも関わらず、自由に飛べないんだ。**僕はこんな大切なことこそ、学校で教えるべきだと思う。

そもそもこんな状態で、果たして本当に自立した国家と言えるのかな。

日本人は学校で習わないからほとんどの人が知らないけど、外国人はこのことを知っている。だから彼らは**日本をアメリカの保護国だと見なしていて、**残念ながら、**外交などの重要なシーンでは日本と話してもほとんど意味がないと思われている。**例えばロシアが北方領土を日本に返さないのは、実はこういうことが大きな理由になっているんだ。

それから、戦後の政治関係者の手記なんかを読めばわかるけど、アメリカ政府は日本に様々な要望を突き付けている。それは決して軍事に限ったことではなく、行政、司法、経済とあらゆる分野に及んでいて、それをバラしたり、逆らったりした政治家はなぜか失脚して、その要求に応えた政治家は長く政権を維持できるんだ。

ちなみに戦後は、自民党がほとんど政権を握っているけれど、日本の政治家に資金提供して最初に自民党を組織させたのはアメリカだ。日本の統治を円滑にするという名目で、自民党をつくらせている。自民党に対抗した社会党には、旧ソ連なんかが資金提供していたんだね。こういうことは常識として是非知っておいてほしい。

ここで誤解を避けるために、一応伝えておくけれど、僕はアメリカという国やアメリカ人が悪いと言っているわけではないんだ。日本だって戦争で勝って手に入れた領土には軍隊や政治家を派遣して統治したこともあったし、アメリカはイラクなんかでも同じことをやっている（上手くいっていないけど）。勝者が敗者をコントロールするのは、世界の歴史を見ればごく普通のことなんだ。

一番**問題なのは、多くの日本人がこの事実や歴史的経緯を知らないっていうことなんだ。もっと言えば「考えることを放棄してしまっていること」が大問題。**

日本人がこれから自分たちの国の未来を考えていく時、今の状態を理解し、国の根幹になる軍事のことくらい最低限の知識は持っておかないと、外交も経済も教育も自分たちで決めていくことができない。それで敢えてこんな話をしていることを、わかってほしい。

前置きが長くなったけれど、こうしたことを前提に軍事の基礎を簡単に伝えておくね。日本人は軍事と言うと、銃やミサイルを使って人が殺しあうことを想像する人が多い。軍事＝人が殺しあう戦争、だと思っている。

しかし、それは軍事のほんの一部であって、実はもっと範囲は広いんだ。簡単に軍事的な戦いには次の3つの段階があると思っておいてほしい。

①情報戦・心理戦
②経済戦
③実戦

それぞれに説明していくと、まず情報戦・心理戦とは、

・相手の戦意や戦闘能力を奪う
・周囲を自分の味方につけて、相手を孤立させる

・相手の情報を盗んで、戦わずして利益を得たり、相手をコントロールするっていう戦い方だ。

わかりにくいところなので、例を挙げておこう。

【相手の戦意や戦闘能力を奪う】

単純なやり方だけど、「平和」「平和」と訴えて相手を油断させ警戒を解いて、その隙にいきなり攻め込んだり、武力を使って脅して相手に言うことを聞かせる、といった方法がある。何のために戦うかといえば、話し合いで決まらないことや要求をなんとか相手に呑《の》ませるためだ。相手が戦う用意をしていなければ、わざわざ戦う必要もなく、戦わずに相手の富や領土を奪ってしまえばいい。

【周囲を自分の味方につけて、相手を孤立させる】

これは直接相手に働きかけるのではなく、第三者を味方につける戦い方だ。相手はものすごく悪い奴だということを、ウソでもいいから周囲に訴えて（これをプロパガンダという）、第三者を予め味方につけておく。そうすると自分たちが相手と戦うときに、周囲は自分の味方をしてくれるから、優位に戦いを進められるし、周囲の力を背景に相手を脅すこともできる。

大東亜戦争前に、日本が世界征服を企んでいると言って流布された文書（田中上奏文）を使った日本の敵国化などはまさにこれにあたる。そしてこれは今でも実際に行なわれていることなんだ。日本が戦争中に海外の女性を性奴隷にしていたとか、罪のない一般人を何十万人も大虐殺したといった情報は、日本の残虐性を印象づけて日本の経済活動を不利にしたり、領土争いで日本を劣勢に追い込む効果がある。

【相手の情報を盗んで、戦わずして利益を得たり、相手をコントロールする】

情報というのは、時に核兵器以上のパワーを持つ。例えば敵の暗号を解読することができれば、敵がいつどうやって攻めてくるかがわかったりするから無傷で撃退することもできるし、敵にウソの情報を流して混乱させることもできる。また、敵方にスパイを送り込むことも大きな攻撃になる。敵の兵器の能力がわかれば無力化できるし、敵をミスリードすることも可能だ。日本は戦前、暗号も解読されていたし、スパイ工作をかけられまくっていたことが資料からもわかっている。これではいくら現場の兵士が強くても、戦争には勝てないはずだ。

また現代はサイバー攻撃で、ネットからいくらでも情報が盗めるような恐ろしい時代だ。

サイバーが強いのはアメリカ、ロシア、中国、イスラエルにイランや北朝鮮といった国々だ。そしてサイバー戦で勝てば、相手の国の銀行から富を奪うことなんて容易なことだ。

しかも、戦後の日本はスパイを取り締まる法律がないから、敵対勢力が様々な方法で情報を盗んでいても、日本人が情報を敵対勢力に流出させていても、処罰されないんだ。こんな無警戒な国は世界にも他になくて、日本の情報は相変わらずどんどん盗まれ続けている。

次に経済戦について、考えてみよう。

歴史のところでも話したけど、**日本がアメリカとの戦争に踏み切ったのは、経済戦を仕掛けられたことが、そもそものきっかけだ。**ＡＢＣＤ包囲網で、石油などの輸入を止められてしまったんだ。石油がないと戦艦や戦闘機を動かせなくなり戦うことはできないから、日本は戦えるうちに戦ってなんとか経済封鎖を解こうとしたんだね。

現在、日本はアメリカなどと連携し北朝鮮に経済制裁をかけているけれど、こうして考えてみるとそれも一つの「攻撃」になる。制裁を解いてほしかったら、こちらの言うことを聞けと言っているんだからね。でも、日本人はこれを攻撃だとは考えていないから、北朝鮮がミサイルを打つ意味がよくわかっていないんだ。だからここで、**向こうは戦争を戦っているつもりだということをちゃんと理解しないといけない。**

それから資源以外に、敵の経済にダメージを与えることも、大きな攻撃になる。経済が駄目になって政府にお金がなくなれば、軍備を整えることもできなくなる。たとえば日本にはかつて「1％ルール」というものがあって、GDPの1％までしか軍事費に使ってはいけないとされていた。日本のGDPは約500兆円だから5兆円までしか軍事費が使えないとされていたんだ。今はその枠は無くなったと言われているけれど、軍事予算はほとんど増やせていない。そうなると武器も買えないし、自衛隊員も増やせない、僕も予備自衛官として訓練などに参加しているけれど、かつては駐屯地のトイレにトイレットペーパーがなくて訓練にティッシュを持参していたくらいだ。それくらい自衛隊には予算がない。このことは、映画『シン・ゴジラ』でも揶揄《やゆ》されていたけれど、自衛隊には十分な砲弾もないから長期的な戦闘はできないんだ。

さらに日本経済は30年間ほとんど成長していないから、軍事費も上げられない。その間に中国などはものすごい経済成長をして日本の何倍も軍事予算を使っている。もし日本の経済が意図的に成長しないようにされているなら、これだって立派な「攻撃」ということになる。**相手の国の経済を潰していくことが、既に見えない戦争になっているということを理解してほしい。**

主要国軍事費

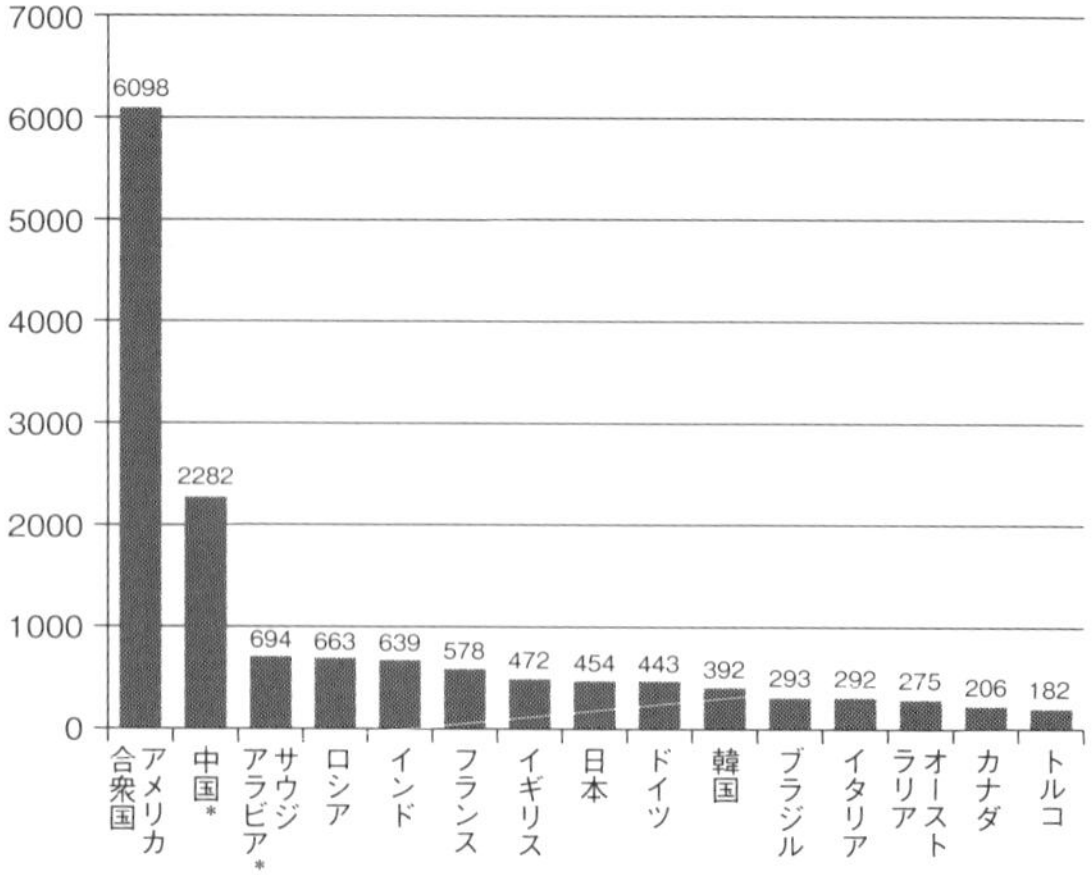

（上位15位、米ドル換算、億ドル、＊は推定値、SIPRI発表値）（2017年）

最後は実戦について。

先ほどお金と軍備の関係について話したけれど、日本はいったいどれくらい軍事費にお金をかけているだろうか？

このグラフを見てもわかるように、日本は世界第8位の軍事予算を持つ国だ。さらに世界トップのアメリカから武器を買っているから装備の性能だって、決して悪くはない。そして日本には約24万人の自衛官がいて、練度や精度もかなり高く、実戦で戦えば、日本以上に軍事費のある国とも戦うほどの能力があると言われている。特に、潜水艦の性能と操作技術は高くて、世界トップレベルだと言われているんだ。

しかし、これはあくまでも旧来の戦闘をする場合の話。近年は戦闘のフィールドがどんどん広がってきているんだ。たとえば、情報戦で話したサイバー戦で敵のコンピューターをハッキングし、その電気や通信を止めてしまえば、戦闘機や潜水艦に指示が出せないから十分に戦うことはできない。また内部にスパイが入り込んでいて、情報が筒抜けでも戦えない。さらに、戦闘用ドローンが発達しているから安いドローンを大量に動員されたら、従来の兵器よりも強くなる可能性だってある。さらにＡＩで動く戦闘機で攻められたり、宇宙衛星からレーザーでピンポイント攻撃されたら、人同士が戦う前に戦闘は終わってしまうかもしれない。

つまり、実際に戦闘が始まったとしても、**現代は実戦の戦闘手法がすっかり変わってしまっている**ということも理解してそこにも予算をかけないと防衛体制はつくれないんだ。

情報戦・心理戦、経済戦、実戦についてざっと説明してきたけれど、少しは概要が掴《つか》んでもらえたかな？

ちなみにこれらの中で人が一番死んでいくのは、やはり実戦。だから**国が他国に実戦を仕掛ける時には１００％勝てる見込みを持って、戦闘をスタートするのが通常だ。**だから実戦を仕掛けられた時はかなりの確率で、負けているということになるんだ。

だから日本の自衛隊がそこそこ実戦の戦闘力を持っているからといって、油断してはいけない。敵は、情報戦・心理戦及び経済戦で日本に勝てる状態を作り出すように日々活動している。そしてこの工作に対しては、自衛隊だけの力ではどう頑張っても太刀打ちできない。なぜなら**国民全体の国防意識を高めておかないと、意味がない**からだ。

ここで少し例を挙げてみよう。日本には性能の高いTVゲームがたくさんあるよね。その技術が外国で軍事転用されてるって知ってた？　実は日本のゲーム機の部品を使って軍事用のドローンなどをつくっている国があるんだ。日本人はTVゲームのために作った技術だけど、それは視点を変えれば軍事に簡単に応用できるってこと。日本の企業はそんな危機感が全くないから、アメリカからも、気をつけろと警告を受けたりしている。

そもそも日本以外の国では、軍事と経済はセットなんだ。それが世界では当たり前の常識。イスラエルなんか良い例だから少し紹介すると、あの国は敵に囲まれた国だから徴兵制をしいていて、学校の成績なんかはすべて軍に情報が上がっていく。軍では優秀な人材をまとめてチームをつくらせて、他の人たちより軍で長く教育し、軍事的な知識を持たせて軍を引退させて、そのままチームで起業させるんだ。これは軍で身に付けた知識がそのままビジネスで使えるってことを意味している。

もう少し話すと、**世界の技術革新というのは、実は軍事から生まれているんだ**。飛行機もインターネットも軍事で使う技術が民間に転用され、我々が日常で使っている。つまりイスラエルは軍事研究をして、そこで生み出された技術を民間転用して世界でビジネスをしているということなんだ。

一方の日本はどうかというと、**日本の大学の多くは戦後「軍事研究はしない」と豪語している。**つまり、軍事に使うための技術研究はしない、という方針だ。これは戦後占領の呪縛にはまっているとしか言いようがない。先のＴＶゲームの例のように日本は非軍事技術だと思っていても、優れた技術は軍事転用できるんだ。でも、戦後の日本人にはその発想が欠如しているから、平気で技術を流出させてしまうんだ。だから思うに、これからのあるべき姿は日本でも軍事研究をしっかりやって、そこで生まれた技術で他国を凌《しの》ぐ軍事力を持つことで、敵が「絶対に日本を攻めてはいけない」「日本は強いから勝てない」と思わせてしまうことだ。そのうえで優れた軍事技術を民間転用しつつ、その技術が漏れないように、スパイ防止法などをつくって、情報を厳密に管理していかなければならない。

ここまでの話をまとめると、**日本人が軍事の基本を理解しながら、高い軍事技術をもって、国防レベルを高めながら、その技術を民間転用し、経済力をも高めていくことが平和を守る方法だということ。**経済力があれば、そこそこの自衛隊員の数と有り余るほどの砲弾などを維持しておくことができるから。それからできれば兵器などは、自国生産できるようにしておくといい。またお金の力で他国に貢献して、その国と日本とのいい関係を築くことも必要だ。

ここにお金を使えるだけの経済力がないといけないことは言うまでもない。

少しは、軍事と経済がセットという意味を理解してもらえただろうか。日本が豊かさと平和を維持していくためには経済力だけではダメで、国防のための抑止力として軍事力や軍事技術も必要だということなんだ。しかし現状では、残念ながら「軍事研究をすることが戦争に繋がる」という安易な発想に多くの国民が傾いてしまっている（特に学者）。本当はその大事な部分と向き合わないために、国力が弱まり、日本を危険にさらす状態になっているというのに……。だからこそまずはあなたがその点をしっかりと理解して、お子さんたちにもわかるように伝えてあげてほしいと思う。

日本語の「武力」の「武」の字は「戈《ほこ》」を「止」と書くよね。**日本人にとっての「武力」は人を殺すためではなく、戦いから愛する人を守るため、つまり、人を生かすために使うものとされてきたんだ。**

ここでは「軍事力」という言葉を使ってきたけれど、日本の「軍事力」は「武力」でないといけない。その精神を大切にしながら、ここで話したような「軍事」の知識を共有してほしいと思う。

(お金と経済ついて)

歴史から軍事を見てきたけれど、なんとなく世界の仕組みが見えてきたかな。

僕がCGSというネットチャンネルでお世話になっている倉山満《くらやまみつる》先生は、世界は「鉄と紙と金」で動いているから、この3つをしっかりと理解しようと、よくおっしゃっている。

この鉄とはまさに軍事力のことで、紙は文化力、そして金は経済力のことを指す。

地政学という学問では世界を動かす国を大国(パワーズ)と呼ぶんだけど、この大国かどうかは軍事力で判断するので、まず軍事から話を進めてきた。次はこれまでの流れを踏まえて、お金と経済について見ていこう。

まず簡単に、お金がどういうふうに生まれたのか?　というところから、話をしていくね。

そもそもお金の始まりは何だったかというと、最初は単純に「交換の道具」だったんだ。

人は当初、物々交換で流通を行なっていたけど、ナマモノなんかは腐ってしまうから、腐らない交換媒体として、貝や鉱石を使った。それがだんだんと、金とか銀とか希少価値のあるものをお金として使うようになったんだ。それが中世ヨーロッパ時代に入って交換媒体が金や銀に変わって、やがて紙幣の誕生に至る。

では、紙幣はどうやって生まれたのかという話をしよう。

たとえば、僕がいつでも金や銀を持ち歩いていたら重いし、ずっと家に置いておくのも物騒だよね。だから、ここでは仮にAさんとするけれど、金細工をするような人に金を一時的に預けることにしたんだ。

ここで仮に10kgの金をAさんに預けるとすると、そこで預かり証がいるよね。「10kg分の金を確かに預かりました」というかたちで、預ける方と預かる方、その両方が確認できるようにやりとりを残しておく必要がある。

そうやって預かり証を発行してもらったら、次に僕が金が必要になった時に、その預かり証をAさんに見せれば、金10kg受け取れるということにした。仮に僕が持っている金10kgをBさんに渡して何かと交換する時は、わざわざAさんのところに行って金に変えてこなくても、Bさんに預かり証自体を渡して、Bさんが直接Aさんから受け取れるようにしておけばやりとりも簡単になる。

つまり、この**「預かり証」自体に価値を持たせたことが、紙幣の始まりだと言われている**

んだ。

では、預かり証を発行していた人たちは、その後どうしたのか？

彼らはいろいろな人から金を預かっているうちに、手元には大量の金が集まったけど、預けた人たちが一気に預けた金を取りにくるということはない、ということがだんだんとわかってきた。そこで、架空の預かり証を発行して、それでお金儲《もう》けをするということを考えたんだ。

これを「**信用創造**」というんだけど、手っ取り早く言えば、本当は金を預けた人にしか渡しちゃいけない預かり証を偽造したということなんだよね。つまり、大量の金を担保にしてこの架空の預かり証に（信用＝価値）が生まれてしまったんだ。

でもタダで預かり証を偽造してもＡさんにはメリットが薄いから、ここであるルールを決めた。預かり証の偽造はリスクがあるから、そのリスクを負う代わりに、「利子」というものをとることにしたんだ。

例えばＣさんがＡさんに、架空の預かり証１００万円分を発行してもらうとしたら、Ｃさんは将来Ａさんに１００万円の価値があるものに利子を乗せて返さないといけないというルールになった。さらにＡさんはＣさんが逃げると困るので、Ｃさんから担保として、土地の権利書とか価値のあるものを預かるようにもした。

ここで、あなたは気づいたかな？

Aさんは、元々Cさんに100万円分の金を渡したんだっけ？　架空の預かり証を発行しただけなのに、Cさんは担保を預け、最後は100万円分の価値のあるものと利子をAさんに渡すことになってるよね。

AさんはCさんに100万円分の信用を与えただけだ。Cさんはその信用を使ってビジネスなどを興して実体をつくって、さらに利子分も稼いでAさんに返さないといけない。普通に考えてみれば、金を預かっていないのに、架空の預かり証をつくって信用創造をしようとするのは、本来反則なはずだ。人から集めた金で人を信用させて利子を取るというのも、理屈から考えるとおかしい。

しかし、本当にこういう過程で現代の紙幣が生まれ、資本主義経済が発展してきたということなんだ。この真実を、まず知っておいてほしい。

ちなみにこういう仕組みを考えた人たちには、ユダヤ人が多いと言われている。ユダヤ人とはユダヤ教を信じる人たちで、民族や血統に関係なく、ユダヤ教を信じたらユダヤ人ということになる。ユダヤ人にはもともとローマ帝国に隷属させられたアジア系の人たちと、9世紀にハザール王国が改宗して国ごとユダヤ人になった東欧系の流れがあり、お金儲けが上手かったのは東欧系のユダヤ人だ。

ではなぜユダヤ人がこうした仕組みを考えたかというと、彼らは自分たちを守ってくれる国を持つことができず、世界中に散らばって迫害されて生きてきた歴史があるからだ。現在はイスラエルという新しい国があるけれど、イスラエルができるまで長い間彼らはずっと「流浪の民」だった。国がないということはつまり土地を持てないということだから、生産力を持つことができない。だからそのかわりに**ユダヤ人は子供を徹底的に教育して、脳の中に知識や情報といった財産を貯めていったんだ。**

その脳で考えた仕組みが、さっき説明した「信用創造」だ。反則といえば反則だけれど、賢いといえば賢いよね。たとえどこかで財産を奪われたとしても、彼らは自分たちが世界のどこでも生き残っていけるための知恵を発明したんだから。蛇足だけど、**現代の世界で価値がある「知的財産権」もユダヤ人が考えだした仕組みだと言われている。**アイデア自体に価値があるって、まさに脳の中の財産でしょ。

しかし、ユダヤ人の「信用創造」の仕組みは、からくりがバレるといつも各地域の王様などの権力者に潰されてしまう、というのが常だった。なぜかというと、その仕組みでは通貨発行権を彼らが握ることになり、彼らのお金がどんどん増えていくから。そうするといずれ地域の権力者（王様や貴族）より力を持つようになってくる。そこで、軍隊を持った王様らは、ユダヤ人の富を没収し国外に追放したり、ユダヤ人だけしか住めない地域に押し込んで壁で囲って監視したりして、徹底的に取り締まってきたんだ。

でもこれはユダヤ人からしたら、とんでもないことだよね。生きるために考え出した知恵を暴力で潰されてしまうんだから。そこで、ユダヤ人を中心とした商人たちは考えた。自分たちの富や自由を奪う王様や貴族を潰す方法はないか、と。

そういう背景でイギリスを皮切りに中世ヨーロッパで起こったのが、市民革命なんだ。

僕たちは学校の教育で、市民革命は絶対権力者である王を民衆が倒し、民主主義を勝ち取った正義の戦いだというイメージを植え付けられている。

しかし、本当にそうだろうか。**一般の国民にとって一番いいのは、国民のことを第一に考えて政治をやってくれる哲人政治家が、国のリーダーにいることだ。**これは古代ギリシャの哲学者も言っていること。民主主義は一般国民の民度が高かったら機能するけれど、そうでない場合はただの衆愚政治になるからね。

しかし、そんなことは言わないで、「絶対権力者はいてはいけない、そういう悪い権力者がいるから国民が搾取され、厳しい生活をしないといけないんだ」と偽のイデオロギーにおどらされ煽《あお》られた民衆が、武器を持って王宮に攻め込み王様やその一族を殺していってしまった。

でも、よく考えてみたら、おかしいと思わない？　貧しい暮らしをしていた民衆は王の軍隊と戦う高価な武器や弾薬をどうやって手に入れたの？　誰が戦い方を教えたの？

答えは、**王の存在を邪魔に思っていた商人や貴族たちが結託して、民衆を煽ってやらせたということ。それから、どうやって誘導したかというと、当時から新聞などのメディアをうまく使っていったんだね。**

このことを今の時代に置き換えてみると、いろいろと見えてくることがあると思うんだ。

ここで近代以降の戦争が、どうやって起こってきたのかを考えてみよう。

誰かが自分たちの都合のよい形で仮想敵の悪者をつくり出して、マスコミがそれを煽っていく。そうすると国民感情が爆発して、攻め滅ぼしてしまえ！　ということになるよね。本当は誰だって、人を殺したくないはずだし、自分も死ぬような危険は冒したくないはずなのに。

それでもいまだに戦争はなくならず、罪のない人々も死んでいく。これは勝った国だって同じこと。結果的にたくさんの犠牲者を出すことになる。

じゃあ、**そんな不毛な戦争で得をするのは一体誰だろう？**

それは「武器商人」と呼ばれる人々だ。武器や軍需品を売っていた商人たちは、自分たちは戦わずお金だけが手に入り得をすることができるということ。こうした武器商人の仕事は映画なんかにもなっているから、観てみてほしい。


もう一つ。民主主義の選挙についても考えてみよう。

民主主義の原則は国民の投票で、国民の声が反映されるかたちで政治家が選ばれるわけだけど、じゃあ、現代の国民の投票を左右するのは何だと思う？

それこそが「情報」で、その「情報」を伝達するための影響力を持っているのか、「メディア」ということになる。

では、新聞やTVといった「メディア」にお金を出しているのはいったい誰なのか？

これも答えは商人、ということになるんだ。

商人はとくに王様がいた時代には、政治をコントロールすることはできず、一方的に富をはく奪されることが多かった。そこで、お金とメディアを使って王様たちを排除しようと画策した。そして王様がいなくなったところは、民主主義なんかで統治していくので選挙をして政治家を選んでいくわけだけど、この**選挙もお金とメディアでコントロールできるから、**

自分たちに都合の悪い政治家は排除して、都合のいい政治家に都合のいい法律などをつくらせていけばいいということになる。そして民主主義によって選ばれた政治家を利用し、国家権力が持っていた「通貨発行権」を自分たちが握ってしまえば、その国の国民を働かせて富を集めることができる。つまり世界各国のお金を発行する中央銀行を自分たちで運営していける、ということになるよね。

それから、かつては「金本位制度」といってお金を発行するには金の保有が必要だったけれど、１９２９年の世界恐慌をきっかけに、各国が金の裏付けの必要のない「管理通貨制度」という仕組みに変わってしまった。これはよく言えば、世界の経済の成長を促すことにつながったと言えるけど、悪く言えば際限なくお金を作れることになったということを意味するんだ。

よく最富裕層の１％だけで、世界の富の半分以上を持っていると言われているよね。増え続ける富の偏在はますますひどくなっている状況だけど、これは見方を変えれば、**これまでは軍事力でコントロールされていた世界が、資本の力でコントロールされるようになった結果だとも言える。**

さらに、資本を持つ商人にとって都合の悪い国は、情報操作で悪者にして、どこかの国に武器を渡して潰してしまい、負けさせてから言うことを聞かせればいいということだ。日本の日露戦争や大東亜戦争を、お金の側面から見たらどう分析できるかということも、また改めて考えてみてほしい。つまりこうしたお金と経済の仕組みは、ユダヤ人などの商人がつくった仕組みといってもいいだろう。

ここで一度立ち止まって、考えてみよう。

本来、人が円滑な物々交換をして豊かに暮らすための道具に使っていたはずのお金が、いつの間にか目的となり、そのお金を得るために奪ったり、戦争をしたり、自分の大切な人生の時間を切り売りするようになっているのはおかしくない？

こういうお金の歴史的背景を知ると、そんな重要な視点が生まれてくるんじゃないかと思う。

実は日本人はそうしたお金の問題を理解していて、お金を得ることだけを目的とするような人間を蔑《さげす》むような文化を持っていた。

今でも日本にはお金に対するメンタルブロックがあるのは、その名残りのような気がする。

そして江戸時代までは、金《きん》も使っていたけれど、基本的には「米本位制」で、お米が経済の裏付けになっていたんだ。お米だと腐るから、一部の人がため込んでいたとしても、いずれ価値がなくなってしまう。そんな米本位制だから経済がそれほど大きくならなかったし、人口も爆発的には増えなかった。でも、だからこそ**循環型の国家運営ができ、国民は物質的には豊かでなくても、精神的には豊かに過ごせたのが江戸時代までの日本の姿**じゃなかったかと思うんだ。

あなたはどう思う？　人口が増え過ぎて環境が破壊され続け、お金のために過労死するまで働かないといけない現代の生活と江戸時代の生活。この2つの時代を比べてみた時、どちらが人間らしいと感じるだろうか？

僕は江戸時代の日本人の方がずっと賢明で、幸せだったんじゃないかと感じている。だから日本は西欧でできた資本主義の仕組みを避けていたのに、明治維新でがっつり巻き込まれ、大東亜戦争の敗戦で完全に主導権を失ってしまった。

たとえば株式会社の仕組みなんかは、日本人に合わないと思わない？　日本人はもともとみんなで働いて富を分け合うのが向いている民族だと思う。これまでの歴史がそうであったように、会社は一つの共同体（＝家）という認識で、その中で各々の役割をもって、そこで働く人々は家族のように一致団結して頑張ってきたんだ。にもかかわらず、今の株式会社は働くメンバーのものではなくなっているから、こんな状態では当然やり甲斐も見出せず、頑張って働けない、ということになってしまうよね。もっと具体的に言うと、今の日本の会社は、「社員のためにあるのではなく、株主のためにある」という方向に刻一刻とむかいつつある。つまり、古き良き日本にあった株式会社＝共同体という原点から大きく変質して、「会社で働くメンバーは時給をもらって、株主に利益を配当するために働いている」というような状態になってしまっているんだ。

つまり株主とはお金を持っている人のことで、理論上はその人たちが出資して会社が回っているということになるんだ。では、その株式会社で働いている人はどうなるんだろう？ ここで会社員は、何のために、誰のために働いているの？という発想に当然なってくるよね。株式会社って、いかにもまっとうなことのように思えるけど、よく考えてみたら、**強要されるレベルは違うにしても、黒人を奴隷として使ったプランテーション農業と似てるって思わないかな。**

しかし戦後の日本の子供たちはこんな仕組みの株式会社、つまり大企業に入るために、勉強を強いられている。そして、言われたとおり勉強を頑張って大企業に入ったと思ったら、経済戦争の工作をかけられ、情報や技術を盗まれ、企業の株価が暴落し、株式を外資に買収され、気が付いたら時すでに遅し。知らない間に外国人株主に利益を渡すために働かされていた、というような構造に組み込まれてしまっていることになる。

今流行の「自由主義経済」「グローバル化」っていうのは、言い換えれば**世界統一のルールをつくり、力のある商人や資本家が、どこの国家の制約も受けず、自由にお金儲けをしていい仕組みをつくろう、ということ**でもあるんだ。

商人や資本家をコントロールする規範がなければ、彼らは世界経済を自由にコントロールできる。例えば巨大な資本を持つグループが結託して、株式などを買い集めて値段を吊り上げ、高値に達したところで、一気に売ってしまったらどうなるだろう？　当然、株式市場全体が大暴落して経済は大混乱するよね。そして暴落した後にまた株を買い戻して、株価を上げていけばいいんだ。そしてまた高値で売り抜ける。これを繰り返せばどんどんお金が集まっていくということになる。そして、それができたら情報操作で戦争を起こして株を暴落させることだって、簡単にできてしまう。そして日本人にとって最も避けたいことである戦争だって、彼らからしてみれば「ビジネスの一環」ということになるんだ。それもそのはず。その背景には経済の負のパワーが暴走していて、その市場では常に膨大な資金が投資され、戦争と共に、とてつもなく大きなお金が動いているんだから。

今のお金と経済の仕組みって、簡単にいえばずっとこんな感じのことが起こっているんだ。

そしてお金の裏付けはもはや「金《ゴールド》」ではない。我々大衆の労働力や生産能力が裏付けになっている。**よく考えてみたらお金なんて今ではただの数字だからね。我々は数字を得るために、家族や友人と過ごす時間を削って働いているともいえるんだ。そしてそのお金は一部の人が生み出しコントロールしている。**

そこで近年では、さすがにこの仕組みがおかしいという人たちが現れて、それなら信頼できるメンバーの間だけで使える暗号通貨（仮想通貨）をつくって、お互いにチェックしあいながら使っていこうという流れも出てきている。経済の世界でゲームチェンジをやっていこう、ということだね。

預かり証の偽造から、市民革命、民主主義の普及、国家間の戦争、そして現在のグローバル経済、仮想通貨の発達までを簡単に説明してみた。お金と世界の仕組みを掴《つか》んでもらえたかな。

（メディアについて）

歴史、軍事、お金と経済について見てきたので、次はメディアについて少し説明しよう。市民革命で世界各国の王権が倒されて、商人（資本家）が力を持っていった話を少ししたね。今でもそうだけどビジネスをやるときに重要なのは、やっぱり「情報」だ。だから商人たちはお金を持つと情報ネットワークを世界中に張り巡らせた。どこで物資が不足しているか、世界の紛争ではどこが勝ちそうか、といったことを瞬時に把握できれば、貿易や為替などで儲けられると思ったからだ。

そこでつくっていったのが、通信社。世界各国の情報を集める機関だ。ネットワークさえつくってしまえば、個人では集められない情報を商人たちは握ることができる。そしてその一部を販売することを始めたんだ。それが今の新聞社、ということになる。

メディアも最初は情報を売っていたわけだけど、多くの人が読むようになるとそれは広告媒体としても価値を持つようになり、情報提供料とは別に広告料もとるようになっていった。僕らがテレビを無料で見られるのは、スポンサーが広告料を払っているからなんだよ。

ここで少し考えてみよう。**例に挙げたテレビ局の人にとって大切なのは、視聴者とスポンサーのどっちだと思う？　視聴者って言ってほしいけど、答えは反対だ。だって彼らのお給料を出してくれるのはスポンサーの方だから。**

だから**テレビの番組制作者はスポンサーの嫌がるようなコンテンツは、絶対に流せない。**スポンサー企業のマイナスになるニュースはかなりの確率で報道されないと思っていいだろう。だって、スポンサーの商品を売ったり、名声を高めるためにテレビがあるんだから。僕も小さい時に「テレビなんか見ていたらバカになるぞ」っておじいちゃんに言われていた。

当時は意味がわからなかったけど、今になると「なるほど」って思う。

ここで誤解しないでほしいんだけれど、**僕はテレビなどのマスメディアを見るなとは言っていないよ。ただ、見る時にはその仕組みを理解しながら、彼らがどういう意図で情報を流しているのかということを理解しないといけない、っていうことを伝えたいんだ。**

マスメディアには、「報道する自由」とか「国民の知る権利を守る」っていった大義名分があるけれど、それは先に話した仕組みの上に立って制作側が振りかざす錦の御旗なんだ。いつの時代もマスメディアはコントロールされる。**例えば、歴史のところで触れたけど、大東亜戦争が終わってＧＨＱが日本を占領したとき、日本のマスメディアは完全にＧＨＱの軍門に下った。**逆らった新聞社などもあったけれど、発行禁止にされてしまい、すぐに言うことを聞くようになってしまったんだ。

ＧＨＱは、日本人を再教育（洗脳）するために、テレビやラジオ、新聞さらには映画までのメディアを完全に統制したことを知っておいてね。さらに、ＧＨＱは「プレスコード」という規則をつくって日本人の情報を検閲したんだ。これは、手紙や電話も含めてね。

おさらいになるけど、占領政策の目的はなんだったかな？　「日本が二度とアメリカなどの戦勝国の脅威にならないこと」だったよね。だから、戦勝国の批判をしてはいけない、日本の戦争犯罪を裁く裁判の批判をしてはいけない、日本人のナショナリズムを高揚させるようなことに言及してはいけないといった30項目の規定をつくって、それに抵触する本や映画、言論などはすべて禁止したんだ。

ではその代わりにどんなことを推奨したかというと、スポーツ、性や恋愛、娯楽に関することだ。つまり政治や哲学、歴史といった国家の根幹にかかわることには、触れてはいけないことにされてしまった。逆に触れることが許可されていたのは、ＧＨＱが原稿を書いたものだけだった。

どんな原稿を書いたかって？

「日本は軍国主義で悪い軍隊が戦争をしました。もう二度と軍隊を持って戦争などはしません。欧米の民主主義にならって平和な国づくりをしていきます」

っていう趣旨に沿った発信は、どんどんやれと指示されたんだ。

マスメディアの中心には、ＧＨＱの工作機関のコードネームをもった人材が据えられて、反発分子は徹底的に排除された。（こうした人材配置は政治や教育、経済すべての分野で行なわれた）コードネームを持った人たちは、果たして本物の日本人だったんだろうか？

さらに、海外に持っていた日本の通信社（情報収集機関）は潰されて、いまだに日本は海外のニュースを海外の通信機関から買っているような状況だ。似たような話は国内でもあって、朝日新聞や読売新聞などの４大紙と呼ばれる以外の**地方の新聞は、独自の取材能力やネットワークがないから、共同通信という会社から毎日情報を買っている。**地方紙の全国ニュースなどがどれも似通っているのは、全部共同通信の情報を買って切り貼りして載せているからだ。

さらに、４大紙が独自の取材をしっかりしているかというのも、かなり怪しい。彼らには**記者クラブという組織があって、政府や行政機関はまず優先的に、そこに情報を流す。そして、そこに所属する記者たちはその通りの記事を書けば、また新しい情報がもらえるけど、都合の悪い独自の記事を書こうものなら、干されて情報がもらえなくなるという仕組みになっている。これでは、どこの会社も横並びにならざるを得ないわけだ。**

さらに、日本では、テレビ―新聞―ラジオといったマスメディアをすべて同じ会社が運営しているというのも問題だ。つまりこの仕組みの上に大手が談合をしているものだから、メディア同士の監視機能があまり働いてこなかったんだ。海外などはメディア相互のチェック機能を高めるために、「クロスオーナーシップ」といって、同じ会社で複数のメディアが持てないようになっているんだ。

マスメディアを悪く言うかたちになってしまったけど、**日本人は世界的に見てもかなり高**

いレベルでマスメディアの発信を信じていて、それによって意識や価値観を形成して生活している。だからこそ、ここで実情と伝えておかなければならないと思った。実際に、西欧の国で日本ほどマスコミのメディアを信じている国はないといって過言ではない。だから僕は**日本のマスメディアのおかれてきた状況や実情を理解した上で、情報を受け取ってほしいと思っている。**

ここでもう一度、流れを整理しておくね。

①そもそもマスメディアを作ったのが商人で、マスメディアはスポンサーに逆らえない。
②日本のマスメディアは大東亜戦争の敗戦で、情報収集をする組織を潰されて、監督者を送り込まれ、戦勝国の検閲を受けながらやってきた。
③そんな実情があるので、日本のマスメディアは独自に取材をして、世の中のタブーを世に出すような仕事はほとんどできない。
④日本人はこの仕組みを知らないから、多くの国民がマスメディアの情報を正しいものと信じて生活している。

僕は政治をやってきて、国民の意識や投票行動がマスコミによって左右されている現状を嫌というほど見てきた。でもそのおかげで、**日本人が戦後のメディアと教育によってかなりマインドコントロールされている、ということに気付くことができた。**

だから、議員を辞めてからすぐにユーチューブで「ＣＧＳ」という番組をつくって、この本で書いているような情報を、できる限り発信してきたんだ。

（食と健康について）

この章の最後は、みんなにとって一番大切な健康について少し触れておこうと思う。いくら頑張ってお金を稼いでも、健康を害して死んでしまっては幸せだとは言えないからね。

まず**健康にとって一番大切なのは精神だ。**「病は気から」と言うけれど、本当にその通りで精神が病んでしまったら、肉体にも当然影響がある。その精神を鍛えるのが、教育であり日々の生活だ。先に述べたマスメディアの発信もみんなの精神に大きな影響を与えている。どういった考えを持ち、何を大切に生きていくか、また自分たちがよって立つ国をどう発展させていくかを利他の精神で考えていってほしい。

次に肉体についても触れておきたい。我々の肉体はどうやって作られるだろう？

そう。食べたもので作られるよね。では肉体の状態を良く保つにはどうすればいいかというと……体にとって良い食べ物を食べることがカギになる。こんなことを言うと中には「食育が大切」なんてことを言う人がいるけれど、日本の食育というのは残念ながらどれも、バランスよく食べて栄養をたくさん摂《と》っていこうという話ばかりに偏ってしまっている。でもここでよく考えてみてほしい。**これだけ日本人が栄養過多で成人病になっているのに、これ以上栄養を摂る必要があるだろうか。**歴史上で今の日本ほど食べ物があふれている、飽食の国はないと思う。そんな時代だからこそ**栄養を摂ることより、取り過ぎないことを教え、質のいい食べ物に絞って食べていくことが大切なんじゃないだろうか？**

ではなぜ、「もっと栄養を」と強迫観念のように言われるのか、考えたことはあるかな？ずばりその答えは、食べ物やサプリメントをより多く売るためなんだ。消費者の健康を願うなら、本当は食べ過ぎない方がいい。しかし、テレビなんかではそんなことはほとんど言わないよね。それがなぜなのか？ということは、メディアの仕組みを理解した人はもうこのカラクリがわかるはずだ。

ビジネスを仕掛けている方の立場から言えばとにかく食べ物を作って売らないといけない。残って捨てることも厭《いと》わない。その分はあらかじめ価格に乗せておけば大丈夫という発想になる。ただ、ロスは減らしたい。だから少しでも長持ちする食品にしたいというわけだ。それで生まれてきたのが添加物や保存料と呼ばれるもの。もともと衛生的に長持ちさせるためにつくられた薬品だけど、これらは本来腐るはずの食べ物を腐らなくさせるためのものであって、自然由来の食品とは質がまるで違う。要するに、食べ物が腐らないということは、体にとって良い微生物も食べないということになるんだよ。そうやって人工的に作られた食べ物を食べていたら、そういうもので体がつくられてしまうんだ。

ちなみに**日本では、認可されている添加物が実は欧米の何倍もある。**なぜ欧米で使えない薬品が日本で使えるんだろう？　なぜ欧米は使えなくしているんだろう？　そういうことを考えたことあるかな。当然人体にマイナスの影響があると考えて、それぞれの政府が使用を禁止しているんだ。日本はその辺が、なぜかものすごく緩い。

添加物や保存料と同じように国が認可しているものとして、化学肥料や農薬がある。こういうものも食べ物に入っているよね。**実は、化学肥料や農薬の使用量も日本は世界で圧倒的に多いんだ。**一時中国産の野菜の残留農薬が問題になっていたけれど、ああいった事件の影響もあって、以来中国では農薬や肥料の使用を限りなく抑えるようになった。だから今では中国産の野菜の方が農薬などはかかっていないと言われている。

あなたは、いつから化学肥料って使われるようになったか知ってる？　江戸時代には化学肥料ってなかったよね。化学肥料ができたのは戦後だ。日本は自動車生産などが産業の中心になり、薬品などが産業廃棄物として出てくるようになった。公害って学校で習ったでしょ。あれも薬品の廃棄で環境破壊が起こった結果なんだ。そこで企業は廃棄する薬品の有効利用を考えるようになった。そして出来上がったのが、化学肥料だ。

化学肥料を使うと農作物が早く、大きく育つ。なぜそうなるか仕組みは知っているかな。**それは植物は地球に有害な物質を吸収し、中和する役割を持っているから、有害な化学成分だと判断したらそれを全部吸い上げてくれて、大きく育つというメカニズムになってるんだ。**そして、吸い上げた有害成分を分解するために虫などがやってきて、それらを食べてくれる。彼らは地球の浄化作用を担ってくれているんだね。しかし、せっかく大きく育てた農作物を虫に食べられては困るから、人間は農薬を使って虫などを殺していくということになる。

この仕組み、恐ろしくない？　**早く生産物を育てるために化学肥料を使うから、虫が寄ってきて、虫が寄ってくるから農薬で殺すんだよ。**つまり、化学肥料と農薬はセットなんだ。農薬は虫は殺すけど少量なら人間には害がないって言う。けれど、ずっと食べていたら少量じゃ済まなくなる。それを知っているから農家の方は自分たちが食べるものには農薬をかけないんだよ。

本来の農業は、土から作っていき、自然にある有機物と微生物の力を借りて、作物を大きくするんだ。しかし、戦後の化学肥料を使う農業しかやってない人はそのことを知らない。化学肥料がないと農業はできないと思っているし、それとセットの農薬も使っている。肥料や農薬を売っているのは農協などの商社で、出来上がった生産物をすべて買い取ってくれるのもその商社だ。**つまり肥料や農薬を買って使わないと、生産物も買い取ってもらえないという仕組みが出来上がってしまっているんだ。**

食に関わる添加物や肥料の話をしたけれど、腐らないとか、薬で大きくするっていうことは、普通に考えてみても、自然の摂理に反するよね。要は、微生物などを殺して見た目だけが大きくてきれいな工業製品をつくっているようなものだから。そんな有害な物質で肉体をつくっていたらどうなるだろう？　細胞がエラーを起こしたり、不要なものを排除したりしようとしないかな。

僕は、日本に蔓延《まんえん》する病気の大半が、「食」からきていると考えている。人間も自然の一部なのに、人工物で体をつくろうとすれば、問題が生じるのは自明の理だ。例えば、日本人の死亡原因の大きな割合を占めるガン。これも自分の細胞が作り出す病気で、先進国では日本でだけ増えていると言われている。なんで現代の日本人がこれだけガンになるのか考えたことはあるかな。それは、生活習慣や食習慣がおかしいよって体が教えてくれてるんだと思う。早く気付いてね、っていうサイン。

でも、日本人はそんな本質的な部分に意識を向けることなく、平気でガン細胞を切ったり、抗がん剤で殺そうとしたりする。抗がん剤はガン細胞だけではなく、ほかの細胞も攻撃し免疫を落として体に良くないとわかっているので、すでに海外では使われなくなっている。おそらくお医者さんたちは自分には抗がん剤を使わないんじゃないかな。

でも日本では相変わらず、まだまだ抗がん剤が使われ続けている。なんで他の国がやめていることを日本はやめることができないんだろう。これまでも世界で余った薬が日本に回されて来たことがあったけれど、抗がん剤もそうなんじゃないかと疑ってしまう。

ちなみに日本人の薬の使用量は人口当たり世界一だ。ではなぜ日本人は薬づけにされるのか。それは、健康保険で医療費がものすごく安くなっていて、健康を自分自身で維持しようという意識が低く、病気になったら風邪程度でも病院に行けばいいという短絡的な頭になってしまっているからだ。

そして、病院のお医者さんは、患者に薬を出さないと点数がもらえず、お金が入ってこないので、点数を稼ぐために、とにかく薬を出したがる。

こうした仕組みで日本の医療費は膨れ上がっていて、財政を圧迫しているのに、政治家が仕組みを変えようとしないんだ。すでに利権構造が出来上がってしまっているから。

食と健康について、添加物や肥料、農薬、製薬についていろいろ言及してきたけど、ここで2章の結びに衝撃的な事実を伝えておこう。これらの共通点は化学製品だということだけど、もしこれらを同じ会社が作っているとしたらどう感じるだろう。

人の健康に良くないものを売って、それで健康を害した人に薬を売っているとしたら、マッチポンプだと思わない。

そして、さらに言うとその系列会社が戦争の武器も販売していて、メディアまで持っている。さらに、その大元締めがお金を発行している国際銀行をつくっていった商人たちだとしたらどうだろう？

歴史、軍事、経済。メディア、食と健康が一つの線で繋《つな》がらないだろうか。

僕は、これが近代からつくられた世界の仕組みだと思っている。

あまりにもスケールの大きな話で、雲をつかむような話に聞こえるかもしれないけど、実際に僕が一つずつ調べていった結果、こういう結論に至ったんだ。

そうやって考えていくと歴史のところでも話したように、**僕たちのおじいちゃんたちが戦った相手って、実はこうした世界の仕組みだったんじゃないかと、僕は思えてならないんだ。**

この仕組みに関わっている人は世界中に何十億人もいるから、僕はもちろんそれをすべて否定しようとは思わない。

しかし、そういうことが仕組みとしておかしいとみんなが気づいたら、それをより良くしようという動きも生まれてくる思うんだ。

今こそ、大きな意味での世界のゲームチェンジが求められている気がする。

第3章
日本のビジョンを考えよう

ここまでの章で、世界の歴史や仕組み、その中での日本の立ち位置というものを大まかに確認してもらえたんじゃないかと思う。

でも、講演会なんかでこういう話をすると、最初はみんなものすごいショックを受けるんだ。これまで学校やテレビで学んできた、日本の常識とはまるで違っているから。

中には怒り出す人もいた。僕だって、いろんな人に会って話を聞いていく中で、いろいろ学ぶわけで、最初はもちろんものすごい衝撃を受けたから、その気持ちもよくわかる。それでいろいろと本を読んだり、現地で確認したりして自分の意識を変えてきたというのが、正直なところ。その中でも**特に70か国以上の外国を自分の足で回ってきたことは、とても、良い経験になった**。自分の価値観や普段の日常と違う世界に行くと脳が刺激され、新しい認識をだんだんと受け入れられるようになったから。

第2章を読んで、「**自分の考えと全然違う**」と感じた人は、**拒絶するんじゃなくて、これは考えるための一つのチャンスだと思って、一度立ち止まって考えてみてほしい**。もちろん僕の言っていることがすべて正しいなんて言うつもりはない。ただ、第1章で話したように、日本のあり方、僕たち日本人の意識の持ち方に疑問を感じてから、世界を70か国以上回り、政治にも12年間関わりながら、「ＣＧＳ」などでいろいろな識者の先生方の話を聞いてきた人間の意見として、一人でも多くの人に考えるきっかけにはしてもらいたいと思っている。

そして、自分で調べたり、いろいろな人と意見を交わしたりして、ちゃんと確認していってほしいんだ。第2章でも書いたように、僕たちの意識は学校教育やマスメディアの影響を多分に受けているから、その仕組みをつくった人間の存在も頭に入れて、是非検証してみてほしい。

日本がゆでガエルになる前に！

また少し僕の話になるけれど、**僕の場合、衝撃を受け入れられるようになった次の段階は、失望だった。**「日本はかなりやられてるやんか！」「もうどうしようもない」という気持ちになった。

そこで考えたことは、「**もう社会の問題なんて考えるのをやめて自分のことだけやっておこう**」、「**日本を諦めて、環境のいい外国で暮らそうかな**」なんていうこと。でもそうやって気付いた人が逃げていったら一体誰が社会の問題や日本のことをやるんだろう？とも思ったし、第2章で話したような歴史を学んでいるから、それでは命がけで戦ってくれた先人に申し訳が立たないとも思った。

そんな迷いがまだ心に残っていたころ、ＣＧＳでも僕がお世話になっている京都大学の藤《ふじ》井聡《いさとし》先生に、こんな良い言葉を教えていただいた。

その言葉というのが、「**ポジティブ・ニヒリズム**」というもの。

ただの「ニヒリズム」であればそれは、絶望に負けて流れに身を任せるような態度のことになる。しかし、「ポジティブ・ニヒリズム」とは、一回絶望しつつも、それを全て飲み込んで、なお何かをやらんとする態度を表す言葉になる。

僕はこの言葉に勇気をもらった。

人は理想を追いかけて行動していると、上手くいかない時に気持ちが凹《へこ》んでしまって、逆境に弱くなる。かといってニヒリズムではやる気がなくなってしまう。しかし、「ポジティブ・ニヒリズム」で行動すると、一回絶望しているから上手くいかなくても凹むことはない。そして、「どうせ俺一人頑張ったって駄目だけれど、0.0001％でも改善の可能性があるなら命を懸けてやってやろうじゃないか」と思えるようになったんだ。

僕は「ポジティブ・ニヒリズム」を説明するときによく例に出すんだけれど、大東亜戦争末期のペリリュー島の戦いや硫黄島の戦いで、死んでいった日本の兵士たちの気持ちがまさにこんな感じだったんじゃないかって、思っている。

「別にアメリカ兵が憎いわけでもない。ただ、戦争になった以上は、負けたら日本が潰され、本土に残した妻や子供が凌辱《りょうじょく》されるかもしれない。物質量で日本に勝ち目はないから、おそらく生きては帰れない。しかし、自分たちが命を懸けて戦うことで、1日でも本土への侵攻を遅らせることや、より良い条件で講和することができるかもしれない。そこにわずかな望みを懸けて、仲間と共に戦おう」と。

彼らはきっと、こんな思いで戦ってくれたんだと僕は思う。

ここには、後で話す人の死生観も絡んでくるんだけれど、こうでも考えないとあんな壮絶な戦いは絶対にできないと思うんだ。それに比べれば、僕がやっている活動なんて生ぬるいし、こんなんで絶望していたら笑われてしまう、と思い直せるもう一人の自分を持てるようになった。

何が言いたいかというと、僕の心の変化をみんなに理解してもらいたいんだ。

①気付き　↓　②ショック　↓　③失望　↓　④ポジティブ・ニヒリズム

という変化があったということを。

言葉で書くとたったの一行だけど、実際は第4段階まで来るのが結構大変なんだ。

まず多くの人がマインドをコントロールされているから気付くきっかけがない。

そして、きっかけがあったとしてもショックで拒絶してしまう。

さらにそこで事実を受け入れたとしても、自分ではどうしようもないから諦めてしまう。**これらのハードルがあって9割以上の人が、何も行動しないまま「今だけ、金だけ、自分だけ」の世界で終わってしまうのが、残念ながら今の日本だ。**

そして、それでも何とか生きていけるのでタチが悪い。俗にいう「ゆでガエル状態」だから、気付いた時にはもう遅い、ということになってしまう。いっそのこと、熱いお湯をかけられたほうがいいんだけどね（汗）

僕がやりたいことは、日本がゆでガエルになる前に、みんなに気付いてもらい、ポジティブニヒリズムにまで思いを高められる人達のチームをつくること。

そして、その人たちと次の日本のビジョンを考えて、行動していくことだ。

かつての日本にはビジョンがあった。

尊王攘夷（幕末）→富国強兵（明治）→大東亜共栄圏構想VS大アジア主義（戦前）→戦後復興（戦後）

そしてそのビジョンの下に国民が一丸となって戦ってきたのが、日本という国だ。

戦後復興だって、戦争で生き残った人たちが、「戦闘では矛を収めたけれど、経済では絶対に負けないぞ」、という強くたくましい精神で必死に成し遂げた偉業であることを、僕らより若い世代はしっかり認識しないといけない。見方によっては、戦後の経済ではアメリカに追いつくところまでやったのが日本だ。

しかし、転じて、この30年間の失速・停滞はひどいものだ。

それには僕は理由があるとも思う。**その一つが日本人がビジョンや目標を失ってしまっている、ということだ。**

おそらくこれから世界の中で、日本がどんな役割を担い、世界を良くするために何をすればいいかと聞いて答えられる日本人はほとんどいないと思う。なぜなら、政治家も言わないし、学校や家庭でもそんなことは考えさせることはないから。

そうなると、「今だけ、金だけ、自分だけ」の人が増えても、仕方がないよね。

だからもう一度みんなで、日本のビジョンを考えよう。

そして共通の目的を持って、より良い世界と未来のために一所懸命に生きる国民を増やしていこう。長くなったけれど、これが僕がこの章で伝えていきたい提案だ。

「独立自尊」「道義国家」「共生文明」の3つの柱

とはいえここで終わってしまうと、言いっぱなしになるので、僕が考える3つの方向性を伝えるからそれを、みんなが各々にビジョンを考えるヒントにしてほしい。

まず最初に、これからの方向性を考える上で最低限知っておきたいのが、これまでの日本のあり方。その中でも特に、第2章で示したここ500年の間に日本人が目指した姿にある、と僕は考えている。わかりやすい例で、明治時代のキーワードをもってくるとすれば、「**独立自尊**」という言葉がピタリと当てはまるだろう。

では、「**独立自尊**」とは、いったいどんなことだろう?

一言で言えば、「**自分たちのことは自分たちで決め、自分たちの自由は自分たちで勝ち取っていく**」という姿勢のことだ。

それからもう少し前の江戸時代にさかのぼると、日本には神道も、仏教も、儒教もあって、様々な信仰のあり方の受け皿があったし、そういう意味では**日本全体に、ものすごく寛容な精神風土があったと思う**。当時は、それぞれの信仰や倫理、精神性や教えの良いところをそれぞれに取り入れながら、しかもそれがちゃんと機能するかたちで融合していたのだから。

そして、そういう精神風土と倫理感のある国だったからこそ、かつての日本は世界にも誇れるような、ものすごく「モラルが高い国」だったと思うんだ。しかも、それは為政者だけにあったのではない。あとでも説明するけど、日本には天皇を中心とした国家体制があって、国民は天皇の「大御宝《おおみたから》」だったからこそ、国民は大切にされ教育を受けて、倫理感や道徳ということを自然と身に付けることができた。こうした状態を「**道義国家**」と呼ぶことにしよう。

それから、もう一つ。

さらに時代を遡《さかのぼ》って縄文時代までいくと、人と人との共生、動物や植物、宇宙や、自然まで、すべてのものが共生して調和できる社会が実現できていたんじゃないかと思う。例えば5000年くらい前から、日本にもたくさんの渡来人がやってきたと言われている。当時は北から南から、様々なルートで多種多様な民族がやってきたという記録が残っていて、最近では遺伝子の研究なんかも進んでいるけれど、そのおかげで民族のルーツをはじめ、いろいろなことが次々と明らかになっている。

要はここで何が言いたいかというと、そうやって日本にはいろいろな人たちがやってきても、排除したり武力によって撃退するのではなく、もともと住んでいた土着の人々は外来の人々を受け入れながら、調和する方法を選び、共に暮らしてきた歴史がある、ということなんだ。こうした社会を「共生文明」と言うことができるだろう。

僕はこうしたことを世界70か国以上を回って、日本の歴史を学んで、気が付いたんだ。**日本は外に求めなくても、その歴史の中にこれからのビジョンの種がしっかりとあるってことを。**

もう一度整理すると、

「**独立自尊**」「**道義国家**」「**共生文明**」

という3つの柱を、日本のビジョンに融合していくことが大切だと僕は思っている。この3つを多くの人が実践できるようになったら、かつての日本らしい軸がしっかりと立つと感じるんだ。

そもそも国家というのは、ある日突然できたのではなく、一人一人の人間が集まって、それが集合体になってできてたものだよね。だから一人一人がしっかりと自立して、なおかつ道徳心をもって、多様性を受け入れながら共生していく、という姿勢を大切にしていけば、国全体も自《おの》ずとそのように変わっていくと考えているんだ。

では、日本が目指す方向性というところで3つの柱を立てたところで、それぞれがどういうことなのか？　ということについて、もう少し詳しく触れていきたいと思う。

〈独立自尊について〉

まずは一つ目の「**独立自尊**」から。

国家としての独立自尊とは「自分たちのことは自分たちで決め、自分たちの自由は自分たちで勝ち取っていく」ということだと説明したね。

僕は、そのための最低限の条件として、この4つが必要だと思っている。

- **経済力と通貨発行権を維持していくこと**
- **軍事力を持ち国防体制を単独で担《にな》えること**
- **エネルギー、水、食料のライフラインを自分たちで賄えるようにすること**
- **精神的自立を果たしていくこと**

それでは順番に、少し細かく見ていこう。

まずは、経済について。ここ数年で人々の価値観が大きく変化していると感じている。そういう中で「**お金などない社会のほうが、心豊かに暮らせる**」といった風潮も出てきているよね。特に10代後半から20代の若者たちを見ていると、これまでの大人たちがやってきたことを冷静に見ている人たちも結構いて、お金に対しての価値観が変わってきていると感じているんだ。現に世界はキャッシュレス、マネーレスの方向に向かっているという識者もいるしね。

たしかに僕も、人が今のようにお金に縛られない社会が実現するのであれば、それは一つの理想だと思う。なぜかというと、第2章で触れたように、「お金の仕組みに歪《ゆが》みが生じている」からだ。

でも、そういう理想的な社会が実現するまでには、もう少し時間がかかるとも感じている。世界から完全に今あるお金という価値観、概念を無くすためには、まず一人一人のイシキカイカクも必要だと思うから。

そこで、今のお金の概念がまだもう少し続くという前提に立って話を進めると、日本には全体の経済力の維持と「通貨を発行する力」が必要だと思っている

日本は少し衰えたといっても、人口1億2千6百万人で世界第3位の経済力を持つ大国だ。**そしてその力の源泉は、日本人一人一人の生産力だと僕は考えている。**第2章でも説明したけれど、今の世界のお金の裏付けは金《ゴールド》ではなくなっている。管理通貨制度になってからは、

主要国対外純資産

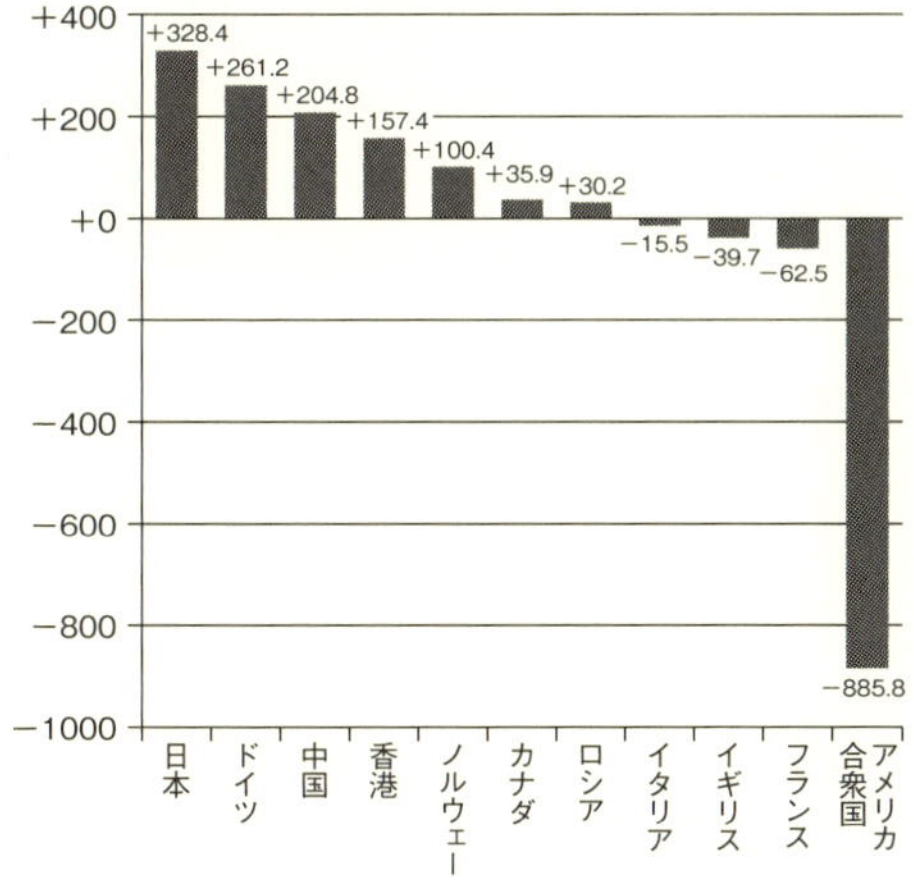

（公的＋民間、為替レートは各年末 IFS レートで算出、兆円）（2017 年末）

その国の国民の生産力自体が、通貨の裏付けになるんだ。

もう少し具体的に説明してみよう。日本円を持っていたら、日本から車が買えたり、日本でおいしい日本食が食べられるという信用があるから、みんなが日本円で取引をしてくれる、ということになるんだ。逆に言うと、日本円を持っていても何も買うものがない、欲しいサービスがないとなったら、日本円は世界で通用しなくなるってイメージすると、もっとわかりやすいかな。

日本人はこのことをしっかり認識して、若者を教育していくべきだと思っている。これをやらずに、生産やサービスを外国人の労働者を入れてやらせればいいっていうのは、亡国の道なんだよ。日本の生産力がなくなると、日本円も信用がなくなり、自国で通貨を発行できなくなる。通貨発行権がなくなると、ちょっと前のギリシャのように外貨の借り入れで経済を回すことになるから破綻の危険性が一気に高まるわけだ。一方、アメリカのように自国の通貨（ドル）を基軸通貨にしてしまえば、生産力を無視していくらでも借金ができる。実際にアメリカは世界一の借金国だ。

米ドルが基軸通貨だということは、世界の貿易はドルを使ってしないといけないってルールだということなんだ。そう考えると、**世界中でいろいろな仮想通貨（暗号通貨）が出てきたけど、これは見方を変えれば、今の世界の基軸通貨である米ドルに対する挑戦だとも言えるんだ。**

だから将来、米ドルがどうなるかはわからない。そういう流れを考えても、日本が独自の生産力やそれに裏打ちされた経済力を守って、独自の通貨発行権を維持していくということができれば、国際市場で確固たるポジションを保つことができる。他国の都合に振り回されないようにするためにも、実はものすごく大事なことだと思うんだ。

とはいえ、これだけ聞くと話が大きすぎて、自分事に思えない人も多いと思うから、もう少し視点を変えて話すね。

たとえば、円が信用を失って、日本の日常生活でドルしか流通しなくなった世界をイメージしてみてほしい。実際にこんな国は世界にたくさんあるんだ。自国の通貨を誰も信用しないから、みんなが米ドルを欲しがってしまう。そうすると労働すればドルはもらえるけど、金融政策なんかは今以上にアメリカ頼みになってしまうよね。景気までも今以上にアメリカの政策に左右されることになって、日本人による政治が機能しなくなってしまうようなことが起こるんじゃないかな。

こう考えると、やっぱり困るでしょ。だからそんなことにならないように、**国民をしっかり教育して、AIやロボットなんかもフル活用して、しっかりと国の生産力を維持していく必要がある**わけだ。

続いては、2つ目の「軍事力と国防」について話していこう。

第2章でも軍事については少し触れたから、だいぶ概要はわかってもらってると思うんだけど、もう一度ここでおさらいをしておきたい。

まず、今世界で起こっている戦争というのは、昔のようにミサイルや鉄砲を撃ち合うような、野蛮な血と血の争いではなくなってきているということ。もちろんアフリカをはじめ、いまだに内紛をしている国や地域もあるけれど、そういう人同士が殺しあう戦争は明らかに減少しているんだ。

では、今の戦争はどうなっているかというと……第2章で伝えたような**情報戦と経済戦に大きくシフトしている。**今の時代、経済の裏には必ず、「軍事の後ろ盾」がある。つまり経済と軍事はセットで、それが戦争を引き起こすもとになっている。さらにその奥には、熾烈《しれつ》な情報戦が繰り広げられている、ということなんだ。

戦いに勝つためには情報の力が欠かせない、というのは昔から変わらないことだけれど、今の時代は昔の比ではない。日本には昔、隠密《おんみつ》や忍者がいてそういう役割を担っていたと言われているけれど、その構図は変わらず主戦場がサイバーの方にシフトしているんだ。

たとえば中国共産党は国策会社を通じて、ＩＴやテクノロジーの分野に膨大な額の投資をしている。これはどういうことを意味するのか、冷静に考えてみてほしい。ただ単にビジネスだけを考えてのことだろうか。

その答えは明白だ。

ＩＴやテクノロジーに投資して、携帯端末やＳＮＳなどの情報のプラットフォームを握ることができれば、経済戦だけではなく、人々の生活自体をコントロールすることができるから。自分たちに不都合な情報を消すことだけではなく、偽の情報を流して心理誘導をかけることもできるし、ビジネス関係の情報を盗んだり、他国の政治家をスキャンダルで陥れることだってできる。

これは中国共産党だけに限ったことではないんだ。みんなは『スノーデン』という映画を知っているかな。アメリカの諜報《ちょうほう》機関で働いていたアメリカ人のスノーデンが、世界やアメリカに張り巡らされた情報ネットワークがいかに人々を監視しているかを告発する内容のストーリーになっている。映画を観ればそのあたりがよくわかると思うけど、つまりもう世界の軍事は、そういったレベルで戦われていることを僕たちはよく知っておかないといけない。

「**情報戦やサイバー戦を制するものは、世界を制する**」と言っても過言ではない世界になってきた。現在の米中貿易戦争の裏側には、実はこうした情報インフラの取り合いもあるんだ。膨大な情報を握った方が、戦争でも交渉でも優位な立場に立てるということがわかっているから、彼らは情報インフラへは惜しみなく投資をするし、競争相手は潰そうとする。

だから、日本はこうしたことも若者に教育した上で社会に出さないと、国の大切な財産を奪われ、個人も身を守れなくなる。

そして僕は、**日本にもしっかりした情報機関が必要だと思っている。**

戦前は日本にも情報専門の機関がちゃんとあったんだけれど、戦争に負けてからは全部解体されてしまった。他の国には自分の国を守るために、そういう機関が必ずあるのに、唯一日本にはない。これでは国も経済も守れなくなって、日本の情報は好きなだけ持っていかれる、という結果になってしまうんだ。

例えば、貴重な研究の成果や素晴らしい最先端の技術のデータが盗まれていたらどうなるだろう？　日本の企業は発展していけるかな？　どう考えても、それは無理だよね。

今、どんどん日本の企業が外資に買われていっているけど、その裏には情報戦の敗北があるということを、多くの国民が知らないんだ。情報を次から次へと取られ、脅され、日本企業が負けていっている。これでも本当に、日本は平和だと言えると思う？　みんなのお父さんや旦那さんの会社が潰れて、外国資本に買いたたかれても、戦いは嫌だから「平和主義」でいきましょうって言える？　今のままだと、**日本がますます決定権や主導権を失い、ひいては国民の富を失っていくことになるんだよ。**

ここまで軍事のソフトの面の話をしたけれど、ハードのほうの話にも少し触れておこう。何度も言うけれど、人間が刀や銃を持って戦うことはほとんどなくなった。テクノロジーがあればドローンに戦わせることができる時代だから。しかし、核ミサイルのような大量破壊兵器の存在感は、まだまだ大きい。「**言うこと聞かなければ、核ミサイルを落とすぞ**」とい

う脅しはまだ有効だからだ。北朝鮮の金正恩《キムジョンウン》が、世界一の大国であるアメリカのトランプ大統領と会談できている現実がそれを物語っているだろう。

独立自尊のために、ソフトとハードの軍事力が必要だって少しは理解してもらえたかな。世界の国々はこうした軍事力を背景に、国際社会で話し合いをしているんだ。テーブルの下で銃を構えながら、テーブルの上で交渉をしているイメージだ。

話し合いで決めようと言う人ほど、こうした軍事力の大切さを認識してほしい。

それでは続いて3つ目。

「エネルギー、水、食料」というテーマで話を進めていきたい。この3つはライフラインだから、ものすごく重要。生存というものにダイレクトに関わってくることだから。

ここでまたおさらいになるけれど、大東亜戦争の時も、エネルギーの石油を止められたことがきっかけで戦争を始めたと、歴史のところでも触れたよね。つまり、大東亜戦争の敗戦から何を学ばなければならないかと言うと、「いざという時のために、国民を飢えさせない最低限のライフラインは自前で確保しておかなければならない」ということなんだ。

日本が原発の開発に舵《かじ》を切った背景には、実はこうした理由もあるんだ。核燃料の再利用ができれば、石油などに頼らず、エネルギーが確保できると考えたんだね。

原発は事故もあり、その後の政府の対応も良くなかったから、さらなる開発は難しくなった。じゃあ原発をやめてどうするかっていう議論を、僕らは真摯《しんし》にできているだろうか。親と一緒に子供たちにも考えさせて、どうするか決めるべきだ。いつまでも他国の資源に頼っていると、またいつかの失敗を繰り返すことになってしまうから。


次に水についての話をしよう。**今世界で一番価値があるのは、ダイヤモンドでも金でも石油でもなく、「水」だと言われている。**人はダイヤや金はなくても生きていけるけれど、そもそも人間は水がないと生きていけないからね。

だから世界の人口爆発が止まらない中で、きれいな飲み水を確保することは、各国の喫緊の課題なんだ。特に人口の増えている国では、水源を争って戦争まで起きている。幸い日本は水に恵まれた島国だけれど、どんどん水源の土地を外国資本に買われている。これは都心の高く売れる土地ばかりに目がいって、それより大切な水源の土地などを軽視してきた結果だ。先進国では土地や自然の大切さの見直しが始まっているけれど、まだまだ日本人は、お金に意識が向いてしまっていると感じる。お金の仕組みはすでに話したから、あの話を思い出して、お金で買えない本当に価値のあるものがあるということに気づき、それを大切にしていこう。

あと大事なのは食べ物だね。これもエネルギーと同じく外国に頼っていてはいけない。**食料安全保障という考え方があって、先進国は食料の自給率をものすごく大切にしている。**シンガポールのような狭い場所に人が密集するような国はどうしようもないけれど、日本は海洋も入れたら、**実は世界第６位の領土面積を持つ大国**だ。今後人口が減っていくことを計算に入れれば、完全自給も不可能じゃないということになる。

食料の生産には、農業や漁業が大切なんだけれど、日本ではこの分野に優秀な人材をあまり送り込めていない。それは、こうした一次産業に従事すると低所得になると意識付けされているからだ。一次産業は都会ではできないから、当然地方でやってもらうわけだけれど、地方で担い手をしっかり育てられていると思う？　できてないよね。農業なんかは従事者の平均年齢が70歳くらいになっている。「平均」がだからね。これはひどい話だよ。

国も国民も食料安全保障を考えず、経済合理性だけ考えてやってきた結果が今の日本の食料生産の現状だ。だとすれば、これからは食料生産を優秀な若者に任せていかないといけない。土地も海洋も貴重な日本の共有財産であって、個人のものではない。だからその哲学を浸透させて、環境を保全しながら、安全で生産性の高い農業や漁業を再構築しないといけないと思うんだ。

もう少し具体的に言うと、農業も漁業もライセンス制にして、世襲をやめさせることが、僕はいいと思っている。そこが整備できたら次は、生産スキルだけではなく、環境学や経営学、エネルギー学も修めた優秀な人材に共有財産である国土の一部を委ねて、彼らが高給をとれるように再設計していく必要があると思う。高収入がある程度保証されれば、優秀な人材がどんどん地方にいって食料を生産し、国の食料安全保障を担ってくれると思うから。

それぞれ深いテーマなので、ここでは概略しか伝えられないけれど、エネルギー、水、食料の自前での確保が、日本の独立自尊に重要だってことの意味を大体は理解してもらえたかな。


最後に「精神的自立」についてだ。これは、これまで説明した物理的な面だけではなく、精神面でも一人一人が自立しよう、ということを意味する。これについては、「インテリジェンスヒストリー」という学問を研究する江崎道朗《えざきみちお》先生に教えてもらった「**独立国の学問**」というものを、もう一度取り戻さないといけないと考えている。

これは、日本が自立して国際社会の中で活動していくために、最低限学ぶべき学問ということなんだけど、僕がこの本にまとめているものがまさに「独立国の学問」で、僕はその概略を伝えたくてこの本を書いているんだ。

独立自尊の国をつくるには、学問によって、まず「精神的な自立」を果たさなくてはならない。これは個人の教育でやっていくしかないから、次の章で触れていくね。

（道義国家について）

「道義国家」を理解するには、日本がこれまでどういう国家体制をとって存在してきたのかをまず知る必要がある。学校では教えてくれない大切なことだ。それでは、始めていくね。

『古事記』の中に出てくる言葉で「**しらす**」という表現があるんだけど、どこかで聞いたことがあるかな？　これは天皇の直系の祖先として知られている『古事記』の神様、天照大《あまてらすおお》神《みかみ》が日本を統治する孫の瓊瓊杵尊《ににぎのみこと》に伝えた日本統治の基本的な考え方のこと。わかりやすく言うと、「**力ある者が弱い者を虐げて支配するのではなく、力ある者こそが大衆を思いやり、自ら範を示していくことで、大衆を導いていき、大切なことはみんなで話し合って進めていくという統治のやり方**」ということになる。

そう。一言でいうと日本の統治の理想は、まさにこの言葉に表れているんだ。この教えがあるから日本の天皇は「**しらす**」政治を行なっていかねばならないし、ごくまれに例外はあったとしてもその理念が継承されている。そして、**日本の皇室が国民に支持されて世界一長く続いてきているの**は、ここに理由があると言っても過言ではないといえる。

その証拠に、日本には西洋や中国大陸のような奴隷が存在しないし、歴代の権力者も国民を所有物として殺したりすることはできなかった。**西洋では、こんな考えがなかったから、近代になって「人権」という概念をつくって、憲法で権力者を縛らねばならなかったんだね。**

この「**しらす**」の概念を理解した上で、今の世界を見てみると、僕は「しらす」の反対の概念、「**うしはく**」統治が、近年広がっているように思えてならない。では「うしはく」統治とはどういうことかというと、ここまで話してきたような「**軍事力やお金の力で人をコントロールしようとするやり方**」のことだ。

「しらす」統治
＝力ある者が弱い者を虐げて支配するのではなく、力ある者こそが大衆を思いやり、自ら範を示していくことで、大衆を導いていき、大切なことはみんなで話し合って進めていくという統治のやり方
「うしはく」統治
＝軍事力やお金の力で人をコントロールしようとするやり方

もちろん、500年前よりはだいぶマシになっているけれど、まだまだコントロールされているところがかなりあると感じる。しかも**現代の巧妙なところは、コントロールされていることさえも感じさせないようにやっているということだ。**

僕はコントロールが、完全に悪いことだとは思っていない。無秩序な世界より、誰かがコントロールする秩序ある世界の方が、よっぽどいいからだ。しかし、日本は建国以来、「**しらす**」社会が目標だから、「**うしはく**」社会に迎合せずに、我々日本人がそれを実現し、世界に広めていくべきではないかと考えている。

例を挙げてみよう。明治時代に「**教育勅語《ちょくご》**」というものが作られたのは、知っているよね。これは、外圧によって国を開き、過度に西洋化する日本社会の将来を明治天皇が危惧されて、官僚や学者に作らせたもので、国民に「勅語」という形で示された社会規範のことだ。ただそこには「これを守らないと罰を与える」ということは、一切書かれていない。そのかわりに、「私も実践しますから、みなさんも一緒に実践しましょう」という意味のことが書かれてある。つまり天皇は、自らが率先して倫理や道徳を体現されることを教育勅語の中ではっきりと宣言されていて、その上で国民の皆さんもそういう生き方を実践していきましょう、ということをおっしゃっているんだ。

国のトップがこんなふうに国民に訴える国って、他にあるだろうか。

でもその一方で、歴史を見てもわかるように「うしはく」社会が、世界のスタンダードになってきた。リーダーは統治や日常生活のルールを決めて、もし逆らう者がいたら、殺したり、奴隷にしたり、刑務所に入れたりしてきた。植民地政策なんて、まさにその典型だ。しかし日本の天皇は、そうしたやり方を決してされない。**権力は時の為政者に委ね、自分は権威としてその為政者に権力の行使を担保する。ただ、権力の行使は天皇の大御宝《おおみたから》である国民を幸せにするために行なわなければならないから、為政者がその道を外れたときには、別の者に為政者を任せるという形をとってきた。**

「天皇は権力ではなく、権威である」と言われるように、こうして権威と権力を分けることで、「**しらす**」統治を維持してきた、ということになる。

ここで話をまとめると、**日本の為政者は「国民が豊かに暮らせるような社会をつくる」という大きなビジョンを持って政治をしないと権力が維持できなかったということ**。そしてこういう優れた仕組みがあったからこそ、為政者はこれまで何度も交替してきたけれど、皇室はずっと存続することができたんだ。

君主が国民を大切にする。だから国民は君主を信頼して共に頑張る。これが「君民一体」

で進められてきた、日本の統治だ。こういう仕組みがあったからこそ、日本人は「お上《かみ》」を信じてきた。「任せておけばちゃんとやってくれる」、と。これこそが、古代ギリシャの哲学者たちが理想としていた「**哲人政治**」に近いものだったように僕は思う。

そしてこの哲人を守護してきたのが、武士や軍人といった人々だ。ではここで、日本の武人が大切にしてきた「道義」である「**武士道**」についても少し見ておこう。

日本の武士は平安末期から登場してくるけれど、彼らの行動理念を一言で表すと「**一所懸命**」だ。そして一所懸命とは、「**自分の預かった領地を命を懸けて守る**」という意味になる。

ではなぜ領地を懸命に守るのかというと、その土地があることで、家族や一族が生きていけるからだ。

つまり日本の武士道の基本は「**自分の家族や一族を、命を懸けてしっかりと守る**」ということなんだ。そこから派生して、領地を与えてくれた為政者に奉公し、その為政者に権威を担保してくれる天皇に忠義を尽くすということになる。

かつての日本には、生活共同体である家族や一族を守るという価値観が当たり前のように強くあった。そこの部分を振り返ると話が縄文時代までさかのぼってしまうんだけど。かつての日本列島には海からたくさんの人々がやってきて、各地に集落が点在し、多様な民族の人たちが生活をしていた時代があった。つまり、日本はかつて、典型的な多民族国家だったんだ。

しかし、バラバラのままだとやっぱり争いも起きるし、さらに後からやってくる外敵とも戦えないという課題もあって、いよいよ一つのまとまりを作らなければならなくなった。そこでその部族集落をまとめて国の原型をつくろうとされたのが初代の天皇・神武《じんむ》天皇だと言われている。時には戦いもしたけれど、基本的には話し合いで緩やかな連合体をつくろうとされたようだ。

だから神武天皇が掲げられた**建国の理念**には、「**みんなで一つの大きな家族を作ろう**」ということが書かれている。

そして家族には、お父さんのようなまとめ役のリーダーが必要になるから、そのお役目を天皇が務めるというふうに制度が設計されたんだ。だから構成員は家族であり、構成員である一人一人の国民は、天皇にとって大切な大御宝《おおみたから》ということになるんだね。日本は、そもそも国の成り立ちから「**大きな家族**」という意識があってそれがＤＮＡの中に刻まれている、と言ってもいいいんじゃないかな。

つまり、家族の最小単位は自分の一族で、それを広げていくと国家になるという感覚があったと言えると思う。実際に国家という言葉に「家族」の「家」の字が入っていることからもわかるよね。そして、天皇家はいろいろな部族と婚姻などを結んで仲間に取り込んでいったので、日本にルーツのある日本人は歴史をたどると必ず天皇家の一族に繋《つな》がっていくことになる。**武士が武士道の「一所懸命」の精神で一族を大切にし、その大元である皇室を守ってきた**背景を理解してもらえたかな。

そして「一所懸命」に始まる「武士道」精神の先には、命を懸けて領地、一族、愛する人を守るという「**愛**」があるんだ。**かつての日本人は人の魂が何度も生まれ変わることを理解していたから、自分の命は当然大切なんだけど、それ以上に自分に命を繋いでくれた先祖や一族、そして自分の命を繋ぐ子供たちのためであれば、命を懸けられたんだ。**切腹などができたのもそういう哲学があったからだ。

こうした「**家族の紐帯《ちゅうたい》**」にこそ日本人の強さがあり、その扇の要が皇室や天皇である、と見抜いていたのはＧＨＱの凄《すご》いところだと思う。だから彼らは占領期にその最小単位である「家族」をバラバラにするような政策を進めて、さらに国民と天皇の繋がりを断ち切ろうと努力したということだ。長い歴史の中で培ってきた家族のあり方を見失った日本人がそれをとり戻すことは難しいのかもしれない。

これも少し余談になるけど、西洋列強と日本の外国支配の方法が全く違うというのも、ここから説明できる。西洋列強にとって他の国は戦利品であり、搾取の対象となる植民地でしかない。だからそこの人間を奴隷にするし、一部の間接統治に利用できる現地人を除いては教育すらしなかった。しかし日本は植民地ではなく、海外領として扱うので、現地の人も国民として日本人同様に扱ったんだ。だから搾取どころか持ち出しで子供の教育もしっかりしたし、インフラも整備して環境を整えた。この違いも日本人としてしっかり知っておいてほしい。

ここで話を整理してみよう。

日本の天皇には「国民を大切にせよ、みんなで話し合って決めよ」という教えがあり、絶対権力者が生まれない仕組みを維持してきた。その天皇を守るのが武士の役目で、彼らが天皇を守るのは、皇室がそれぞれの一族の大元にある存在であり、日本という多民族国家の「扇の要」であったからだと言える。そして天皇を守ることは、自分たちが領地を治める「秩序」を守ることであり、ひいては自分の家族を守ることにも繋がることになるので、武士たちはそこに命をかけることができた・

こうした日本人にとっての「道義」とは、秩序を守り、国民を守ることと言い換えられるが、その根底には愛があったと言える。

権威者である天皇の国民に対する「愛」、そしてそれを守る武士や軍人の家族や国家に対する「愛」、その愛があるから「一所懸命」に働いて、時には命すら懸けることができたのが日本人の強さだったと僕は考えている。戦後の日本企業が家族のようにまとまって、力を発揮できたのには、この「道義」と「愛」があったからではないだろうか。

だからこの「道義」をもう一度日本の根幹に取り戻していければ、日本はいつか必ず復活すると僕は信じている。

（共生文明について）

では続いて、3つ目の「共生文明」について話を進めていきたい。

共生文明について語るときは、また縄文時代についても触れておかなければならない。なぜかと言うと、一万年以上続いた日本の縄文時代は、まさに共生文明をそのまま実現していた時代だったと考えられるからだ。この時代の人々は、自然というものをすごく大切にしていて、人はもちろん動物も植物も、石も含めて「**すべてのものに神が宿る**」という考えが根底にあったと言われている。ただ、「すべての生きとし生けるものを包み込んで大切にする」という精神性はアニミズムと言われていて、一般的にアニミズムは古くて遅れた文明だと考えられてきた。

これは列強が築き上げてきた文明社会を考えればわかるよね。彼らは産業革命をはじめ、今の時代はＩＴテクノロジーで先端をいっているけれど、それらは効率的で利便性を担保する一方で、自然を敬い、目に見えないものを大切にする精神とは違うベクトルのものだから。つまり、アニミズムのような自然崇拝の精神は、原始的で非科学的なことだと考えられてきたんだ。

しかし、時代が大きく変わって、そうやって原始的だと考えられてきたことも今では研究の光が当たるようになった。これは今、世界的に縄文時代の研究が進んでいることからも明らだろう。かつて1万年以上平和が続き、縄文土器など高度な作品が作れた縄文時代に人々の注目が集まっている。

特に、量子力学などの分野から縄文時代を分析すると、それは遅れた文明なんかじゃなくて、むしろものすごく進んだ文明だったんじゃないかという見方も出てきているくらいだ。量子力学は、端的に言うと「すべてのものは量子であって、量子は意思や念によって動く」ということを言っているから、縄文時代の人たちはそういうことがわかっていたんじゃないか？　という仮説が、昨今、いよいよ信憑性を持つようになってきたんだ。

また、実際に遺跡などを研究していくと、**もともと日本にいた縄文の人たちの骨には、「戦った形跡が残っていない」ということもわかってきた**。では戦わずにどうしたのかというと、縄文人は後からやってきた渡来人と同化したり、もしくは争いを避けて北や南に移動していったといわれている。

弥生時代になると、さらに渡来人がやってきて争いごとも起こるようになるんだけど、おそらく縄文人たちは戦うことの無益さというものをわかっていたんだと思う。だから争いごとが起きそうになると逃げたり、逆に異質なものや文化を受け入れることでそこから学び、調和する方法を選んできたんだ。

こうしたことから日本人の遺伝子の中には世界中の遺伝子が混ざっていて共生とか調和を大切にするという和の精神が深い部分に、強く刻まれているのだと思う。

それからここでもう一つ、共生というキーワードで伝えたいことがある。

それは「**天皇陛下の祈り**」ということなんだ。

天皇陛下は日本国民の平和と安寧を祈るだけでなく、世界平和のためにも日々祈ってくださっている。しかし、これからの時代は陛下だけではなく、「**国民一人一人が祈る**」ということが大切になってくるんじゃないか、と思う。量子に対して人の意思が働くということが実証された今だからこそ、祈りにはものすごく大きな意味があるんだ、と。

視野をめいっぱい広げて地球を一つの生命体、大きな家族と考えてみた時に、さっき言った情報戦のようなもので、奪ったり奪われたりという弱肉強食の世界を繰り返している限り、本当の平和は決して訪れないと思うから。どんなに経済的に豊かになって物質的に何一つ不足がなくなったとしても、宇宙や自然と調和する精神がなかったら、絶対にどこかで行き詰まるはず。極端な話、今のＩＴ技術が極限までいって、自然がどんどん壊されて人間が生きづらくなってしまったら、意味がないんじゃないかと思うんだ。たとえば人類がいなくなってロボットやＡＩに支配される社会になってしまったとしたら、肝心の生命はどうなってしまうんだろう。

だから、そうではなく、ここで一回原点に戻って、人類が共生するための祈りをすること。みんなで一緒に想念を合わせて、地球に生きる人々がみんな調和しながら、仲良く暮らせるように、祈るほうが絶対にいいと思うんだ。そういう道を選んだほうが、人類として賢い選択なんじゃないかな。

共生・調和の規範として、世界に先立って祈りを実践していくことが日本人の一つの使命

だと、僕は思う。

日本人は今、一億人くらいの人口で、世界の人口からすると70分の1くらいしかない国だけれど、たとえそれくらいの規模であっても、そこから祈りを日々送り続けていくことで、量子レベルで変化が起きて世界に良い影響を及ぼすことができると信じている。

この章では、積極的ニヒリズムのような気持ちを持って、日本のビジョンを考えていこうという提案をした。

そして、そのビジョンのヒントとして、日本の歴史を見つめながら、「独立自尊・道義国家・共生文明」という考えを述べてきた。

まとめて言うなら、**「うしはく」世界に飲み込まれない強さと共同体への愛をもって、日本独特の「しらす」社会を取り戻し、「すべての生きとし生けるものを包み込んで大切にする」という気持ちで世界の調和を祈っていくという国にしよう、ということだ。**

「そんなことなんかできっこない」という人も多いかもしれないけれど、これはまさに今の日本の天皇陛下が実践されていることに近いことだと思う。そして、その天皇陛下は強い武力はお持ちではないが、陛下を倒そうという人はいないし、国内外の人々から敬愛されている。

そう考えると、「**日本は天皇陛下のような国になる**」ことをビジョンにすればいいのではないか。

「日本って素晴らしいよね。日本って立派だね。日本みたいに世界全体のことを考えてやりたいよね。」

そんな風に世界の人々から思ってもらえる国づくりを日本のビジョンにしてはどうだろうか。

第4章

日本を支える子供たちに必要な力

第2章では、本当にざっくりとだけど世界の仕組みを概観して、日本の立ち位置を確認してもらった。これは僕の日本の現状に対する危機感をみんなと共有したかったからだ。

そして第3章では、現状の問題を何とかするために、もう一度みんなでビジョンを考えていこうという提案をした。さらに、ただ漠然とビジョンと言ってもイメージが持てないと思ったから、日本の歴史などを振り返って僕が大切だと思う「独立自尊・道義国家・共生文明」の3つの理念を伝えた。

でも、まだまだ話が大きくてわかりにくいと思うから、次は3つの理念を個人に落とし込んで話してみようと思う。それぞれを個人の力として考えると、**「独立自尊」は「自立」、「道義国家」は「道徳心」、「共生文明」は「感謝」**ということに繋《つな》がっていくと思っている。

いい国家もいいチームも、結局はその構成員の個々の能力にかかっているから、僕たち一人一人の力を高めていくしかない。そして、それを教育によって次の世代の子供たちに伝えていくのが僕たち大人の務めだ。

以下では、子供たちに伝えることを前提に説明していくけれど、自分に欠けているところがないか確認しながら読み進めていってほしい。

自立

まず一つ目のキーワード、「自立」について。
僕は、子供たちが自立するために、具体的には次の4つの力が必要だと思っている。

- **健全な精神と肉体**
- **学ぶこと、考えることの楽しさを知っていること**
- **やりたいことを自分で見つけ出す力**
- **お金を生み出す力、仲間をつくる力**

（健全な精神と肉体）

最初に、「健全な精神と肉体」についてなんだけど、これだけでも1冊の本が書けるくらい重要なことだと思ってる。ここでは簡単に導入の部分だけ書いておくので、自分で学ぶ参考にしてね。

精神については、**環境を整える**ということを大切にしてほしい。たとえば住むところはなるべく自然の近く、大地の近くがいいと思っている。当たり前だけれど人間も自然の一部だから、自然から離れれば離れるほど、自分自身の調整が難しくなってしまうから。

僕の知り合いで、陸上自衛隊の特殊作戦部隊をつくられた荒谷《あらや》卓《たかし》さんという方がいる。

彼は自衛隊を辞め、明治神宮の武道館の館長をされていたんだけれど、その職も辞して三重県の熊野の山間部に移住された。僕は最初、才能も技能も優れた彼が、そんな田舎に暮らすのはもったいないんじゃないかと感じていた。しかし、一度彼の暮らす熊野の村に行って、僕は自分の誤りに気が付いた。そこには自然があり、日本の原風景があり、昔ながらの共同社会があることが、じかに感じ取れたからだ。

現代人の僕ら、特に若者はどうしても、都会の華やかさや娯楽、便利さに惹かれて、街に出てコンクリートのマンション、しかも大地から離れた高層階に住む傾向にある。そしてデジタルな環境に身を置いて、生身の人間と触れ合うことをほとんどしなくなってしまった。**これが、精神のバランスを失う元凶だということを、僕もこの年になるまで理解できていなかった。**だから、最初に荒谷さんの熊野の構想をお聞きした時にはピンとこなくて、よく理解できなかったんだ。

でも、それからまた勉強して、実際に熊野にも行くようになるうちに、荒谷さんが「人の教育はこういうところでないとできない」と言われたことの意味がわかるようになってきた。**それは人間が頭で考えてつくった世界ではなく、自然の中でそれに触れて暮らすことが大切なんだということ。人は環境によってつくられる生き物だから。**

とはいえ、こればかりは行ってみないとわからないと思うので、興味がある人は荒谷さんの運営する「熊野飛鳥むすびの里」を是非訪問してみてほしい。

　次に、肉体については、「衣食住」を整えていこう。**着るもの、食べるもの、住むところを改めて見直してみるんだ。**食については第2章でも触れたから、ここではよりイメージしやすいと思う。今の食べ物は「天然」でないものがほとんどだということを伝えたよね。薬品などで作られたものを取るような食生活の機会は、少しずつ減らしていこう。体は食べたものでつくられるのだから、体自体をケミカルにしてしまってはいけない。世の中にはそれを理解して、「天然」の食べ物を作りたいと思っている人もたくさんいる。ただ、それがなかなか流通に乗らないからみんな困っているんだ。そういう人を探して、繋がりを持って消費者はお金がかかってもいいものを買っていくようにしていけばいいと思う。

　それからもちろん、それを着るものや住む家にも当てはめていくことも、いいと思う。ここで**大切なことは、最初から完璧主義にならないこと。**いきなりすべてを「天然」に切り替えようなんて思ってしまうと、息苦しくなるし、何より食べられるものや着るものがなくなってしまう。だから少しずつできるところからでいい。たとえば今まで、そうした意識がなかったのであれば、買い物の10回のうち1回の選択を良いものに変えることから始めてみよう。そうしたみんなの消費者としての選択が、社会の構造を変えてより良い「衣食住」の環境をつくることに繋がるんだ。**自分の目で見極めたところにお金を使うことは、一つの投票行為でもあるから。**そうやっていいところにお金を払って応援する人が増えていけば、社会の仕組みも自ずと変わっていくと思う。欧米などはこうした取り組みが進んでいるところも多いので、海外に行く時にはその辺も意識しながら見ておくといいよ。観光地を回るだけではもったいないからね。

（学ぶこと、考えることの楽しさを知っていること）

続いて自立の2つ目の要素として、「学ぶこと、考えることの楽しさを知っている」ということが挙げられると思う。

今の教育を見ると、残念ながら日本は「受験勉強」のための偏差値教育に侵されているよね。こういう、いわゆる良い学校に入るためのお受験のための勉強だと、暗記することに重きが置かれたり、模範解答を出すために正解を教え込まれる教育だったりするから、「**自分の頭で考える**」**という機会が失われてしまう**。つまり受験に受かるための正解を出すことができるようになったとしても、自分で何とか答えを見つけようとする力であったり、学ぶことの本当の楽しさに出会えなくなってしまうと思うんだ。

日本人の子供の学力は、国際基準でいうと結構高い。しかし、それはテストが上手なだけだとも言える。高校くらいまでは優秀だけれど、大学生や社会人になった時に、海外の人材を凌駕《りょうが》できるかと言うと、現実的にはそうはなっていないんだ。僕は海外の学校をたくさん見て比較してきて、日本の学生も先生もまじめで優秀だと感じている。しかしこの「**自分の頭で考える**」**という訓練をさせてもらっていないので、答えのない問題をやらされたり、何かをつくり出す、始めるということが非常に不得手**だ。これこそが日本企業が国際競争で勝ち残れない原因になっていると思うんだ。

僕が日頃からよく使っているわかりやすい例で、「**インフォメーション**」と「**インテリジェンス**」という言葉があるので、それを例に少し説明するね。

この2つの言葉はざっくりと日本語に訳すと、両方「情報」になって、一見同じ意味のように思えるんだけど、実際には違っている。

まず、インフォメーションは**学校の授業やマスメディア、ネットから断片的に僕たちが受け取った知識**ということ。一方のインテリジェンスは、そうして**得た情報を自分の頭で整理して、自分が使える情報に変換したもの**ということになる。日本語で言うと知恵に変わった状態、というともっとわかりやすいかな。

つまり断片的に受け身で得た情報、つまり知識＝インフォメーションを単純に覚えるだけではほとんど意味はなくて、それを知恵＝インテリジェンスに変えていく力のほうが、本当はずっと重要なことなんだ。だから、これからの教育はインフォメーションをたくさん集めるんじゃなくて、自分で仮説を立てながらどんどん調べていって、自分なりのインテリジェンスを作り上げ、さらにそれを行動に落とし込んで、PDCA（Plan Do Check Act Cycle）を回しながら実践力に変えていくことが必要になると思っている。

そもそも今の時代はインターネットの検索機能をうまく使いこなすことができれば、極端な話、何でも知ることができるから。それにAIだってどんどん賢くなっているわけで、そういう機械が持っている膨大な知識や情報に比べたら、一生のうちに人間が持てる情報量なんてタカが知れている。だからこそ**これからの時代は自分の頭で考える力、真の情報を見極め本当に大事な解を導き出すことができる、インテリジェンスの力が問われてくるんだ。**

（やりたいことを自分で見つけ出す力）

それから3つ目の「やりたいことを自分で見つけ出す力」は、言い換えると自分のビジョンや志を立てる力、ということが言えると思う。

自分でビジョンや志を立てられるようになると、それは社会を変える力に繋がっていく。社会を変える仕事をする人を**社会起業家（アントレプレナー）**というけれど、そうした人物になるにはどうしても、「自分が持つ力を使って何をしたいのか？」という気持ちが大事になってくるんだ。ただ人から与えられた課題を受け身でこなしているだけでは、本当の力は身に付かないということも意味している。人から言われたことをただやっている生き方だと、結局、心から満たされることもないし、人からの評価を基準に生きるようになってしまうから。

まわりの評価ではなく、あくまでも自分の軸で立つ。人からどう言われようと、自分として、どう生きるか？　何のために命を使うのか？　ということが、今の時代、ものすごく大事なことだと僕は思っている。それがないと第2章で述べたような「お金の奴隷」になってしまうから。そしてこの流れは今後、さらに加速していくだろう。

僕が尊敬する歴史上の人物、吉田松陰先生の言葉に、「**世の人は善し悪しごとも言わば言へ。賤が心（自分の心）は神ぞ知るらん。**」というものがあるけれど、最終的にはこういう境地に至ることが、大事なことだと思っている。

（お金を生み出す力、仲間をつくる力）

それから、４つ目の「お金を生み出す力、仲間をつくる力」。

これは人が現実的に生きて行く上で、ものすごく大事な力だと思っている。

僕の著書、『坂本《さかもと》龍馬《りょうま》に学ぶ「仲間をつくる力」』では、このことを中心に書いているから興味のある人はぜひ読んでみて欲しいと思うけれど、ここではポイントだけ伝えるね。

お金をつくる力と仲間をつくる力っていうのは、すごく似ている部分があって、僕はこの2つはほとんど一緒だと思っているんだ。**結局、お金と仲間はどちらも、「信用」、「信頼」をベースに成り立つもの。**生きていく上で、信用、信頼がどれくらい大切であるかということは、きっと、この本を手に取って下さるような方であれば、当たり前にわかっていることだと思う。

お金のところで「信用創造」の話もしたよね。つまり信用があるからお金もつくれるし、ものも売れるし、仕事だって任せられる。つまり、「**生きていく上で、困らない状態をつくることができる**」んだ。最近流行の「クラウドファンディング」なんかはまさにいい例かもしれない。クラウドファンディングは、人の信用をお金に換えるシステムだと僕は思っていて、「この人ならいいことをやってくれる」という信用があるからこそ、そこにはたくさんのお金が集まってくると思うんだ。

ただ、ここでもう一つ、信用の土台を築き上げる上で大切なことがある。それはその人の持つ「**世界観**」だ。「哲学」や「理念」と言ってもいいかもしれないね。**その人がどんな世**

界を実現したいのかというみんなのためのビジョンだ。それがないと、どんなにいい仕組みやシステムを考えても人の共感は集められないから。

つまり、**子供をお金持ちにしたいと思ったら、お金の稼ぎ方を教える前に、「世界観」と「人から信頼される人格」を磨かせることが大切だっていうことだ**。そして「世界観」というは受験勉強では全く磨けないけれど、体験や人との交流、旅や読書で磨いていくことができる。僕が現代日本の受験勉強を否定している理由は、こんなところにもあるんだ。

ここではお金の話を中心にしたけれど、仲間をつくるのも、それと基本的には一緒。あの人は信用できる、あの人と一緒にいると楽しい。あの人といるとワクワクする！　これも「世界観」と「人から信頼される人格」から引き出せるでしょ。

「お金を生み出す力、仲間をつくる力」は生きるための根本的な力だと思うし、もっと言えば、「いざという時にサバイバルできる力」でもある。

だから子供たちには絶対に身に付けさせたいよね！

道徳心

では続いて、「道徳心」というところに繋がる４つの力について、話していきたいと思う。

・真・善・美を感じる力
・偉人の力を借りる力
・規範力
・多様な価値観を受け入れる力

(真・善・美を感じる力)

これは人が生きていく上で、最終的にここを目指していく究極の道だと思う。古い本を読むと「真・善・美」という言葉によく出会うけれど、そういう本から読み取れることは、宗教も哲学も芸術も、最終的に求めている姿やあり方は、「真・善・美」だった、ということなんだ。

一見すると、宗教、哲学、芸術、科学などは、それぞれ違う分野に思えるかもしれない。でも「本質を求めていく」という意味において、どんどん突き詰めていくと、実はみんな同じところを目指していたということが見えてくるはずだ。何が真で、何が善で、何が美しいか?というような。

つまり人間というのは長い歴史のなかで、言わば「絶対美・絶対善」という理想をひたすらに求めて、ずっと探求を続けてきた、ということになる。要は、登り口が違っているだけで、頂上付近にくるとみんな同じところを目指してたという感じだ。生きていく上で本当に大切なことを追求していくと、どんな入り口から入っても最終的に目指すところ、見える場所は一緒だったんだ、ということがわかるってことだね。

とは言え、そういう道は、誰かに教えてもらうものではなく、自分自身で求めて、見つけていくものだと思っている。だから、ここで理解してほしいのは単純に「真・善・美」とは何か？　ということではないんだ。**この世には時代や国を越えて通用する「真・善・美」があって、それを追い求める過程に「道」があるってことをイメージして、それを感じられる感性を持っておくことが大切だということなんだ。**

〈偉人の力を借りる力〉

僕は道徳心を身に付ける上で、偉人伝に触れることがかなり有効な方法だと思うし、同時に一番の近道だと思っている。

これはなぜかと言うと、立派な人のストーリーを読むことによって、その人の「追い求めたもの」や「魂」を自分の中にインストールすることができるからだ。**功成り名遂げた人物の生き方、あり方をインストールしておけば、迷った時に判断の基準に使ったり、挫けそうな時に勇気として引き出すことができる。**まさに、偉人の力を借りることができるというわけだ。だからインストールするなら1人や2人じゃなくて、より多くの人の伝記に触れてみることを、おすすめしたいと思う。

そしてせっかく日本人として生まれたんだから、外国人の偉人ではなく、なるべく日本の偉人の力をインストールしたほうがいいと思う。現に、大東亜戦争後にGHQによって葬られた偉人伝が日本にはたくさん眠っている。それをお子さんと一緒に見つけていくのもいい学びになるんじゃないかな。

僕も吉田松陰や西郷隆盛、坂本龍馬に橋本《はしもと》左内《さない》など、多くの偉人の魂をインストールして力を借りてきた。これをやっていなかったら、今の自分はないと思っている。実際、政治でもビジネスでも、役に立っているという実感があって、ものすごい財産だと思っている。

そして、そうやって**自分の中に偉人の力を入れていくことで、ぶれない軸ができて、先に話した「真・善・美」というものがどういうものなのか？　ということも掴《つか》めるようになってくると思うんだ。**

〈規範力〉

規範力とは、自分自身をコントロールする力のこと。自律心と言ってもいい。

人間は、欲望で動く生き物だからどうしても楽な方へ流れてしまう。しかし、そうなると行動は毎回ぶれてしまうし、信用もしてもらえない。だから、**自分で規範を立てて、自分をコントロールする力を身に付けておかないといけないんだ。**

戦前までの日本には、修身教育というものがあって、「こういうことを大切にしましょう」と国民が共有できる規範があった。でも戦争で負けそうになると、修身教育が「戦争の継続のため」というところにも結び付けられてしまったため、戦後ＧＨＱに教育自体を禁止されてしまった。

戦争で負けたら国家が消滅する可能性さえあるんだから、ある程度の統制や情報操作はどの国だってやっているんだけど、日本は負けてしまったから、ＧＨＱに従うしかなかった。そのＧＨＱが、修身教育が日本の「軍国主義」の根源だと決め付けたので、戦後の日本人には修身教育の中身も知らないのに「修身」と聞くだけで、また「戦争するのか～」とすぐに騒ぎ出す人がいる。それから先に挙げた「教育勅語」もそういう意味では、同じ扱いを受けている。「無知は罪」という言葉があるけれど無知って本当に怖いよね。そういう前提も知らずに、イメージだけで端から批判に向かってしまうんだから。

だから前提を理解して、一度フラットに考えてみてほしい。国民が共有できる規範があった方が秩序のある社会になると思わない？

・嘘をついてはいけない、人を騙《だま》してはいけない
・思い通りにならないことがあっても、周囲の人のことを考え我慢しなくてはいけない。
・力があるからといって弱いものをいじめてはいけない
・人を肌の色や経済的な理由で差別してはいけない
・家族や親を大切にしないといけない
・先祖の誇りや想いなど、目に見えないものも大切にしないといけない
・大切なものを守るためには時として戦わなくてはいけない

こんな感じの規範は、法律なんかで罰則を決めて取り締まらなくても、一人一人が自分の規範として持っておいたほうがいいと僕は思う。

日本には、こうした規範を子供たちに教える本が、実は1000年も前からあったんだよ。

そして子供のうちに教えておくというのが、ミソ。なぜかと言うとこれは後でも改めて話すけど、子供のうちに脳がある程度完成してしまうからなんだ。**脳には自分の行動や感情をコントロールする部位がちゃんとあるから、小さいうちに自分なりの規範を決めて、それに基づいて行動できる訓練をちゃんとしておけば、その脳の部位がしっかり発達するようにできているんだ。**

規範を身に付けさせるということは、押し付けではなく、その人の成長に繋がることだし、1000年以上日本人が実践してきたことなんだ。

たまに子供に規範力をつけることと、子供の成長の可能性を潰すことを、ごっちゃにして、後者に力を入れてしまったり、中には両方やらなかったりする人もいる。けれども両者の違いをしっかり見極めて、子供や若い人に指導してあげるのが理想的なあり方。そうすると、日本人全体の国民性や精神性の質は自ずと高まるよね。

（多様な価値観を受け入れる力）

これは先ほどの規範力の話とは、少し矛盾する。なぜなら規範にはいつも価値基準が伴うけれど、日本の価値基準が世界中どこでも通じるかというと、残念ながらそうではないからなんだ。

例えば、日本では人を騙すことはよくないことだという価値基準があるよね。しかしその一方で、人を騙しても、自分が騙されなければいいと考える国もある。また、人を殺してはいけないが、クジラは殺して食べてもいいと日本人は考えている。しかし、世界にはクジラを殺してはいけないと考える国もあるし、昔は大切な人を殺してお客に食べさせることがおもてなしだと考えていた国もあるんだ。信じられないだろう？

ここで僕が何を言いたいのかというと、**価値観というのはその人たちが背負っている歴史や社会背景によって変わってくるということを理解すべき、ということ**なんだ。

僕らは日本人だから、日本で通用する規範を決めて、お互いに共有し、良い社会を築いていかねばならない。しかし、**同時に我々の規範や常識が通じない社会もあるのだということを理解する柔軟性を持っておかねばならないということなんだ。**言い換えれば、ダブルスタンダード、トリプルスタンダードを持っておかねばならないということ。これがお互いにないと、すぐにお互いの正義をぶつけ合って、争いが始まってしまう。

共通のコミュニティーの中で通用する規範を身に付け自分を律することも大切だけど、一歩外のコミュニティーに入ったら、自分の規範にこだわり過ぎずに相手の規範を理解し合わせていく力も大切なんだ。「郷に入れば郷に従え」という言葉があるけれど、まさにこのことを表した言葉だと思っている。

感謝

次に3つ目の「感謝」について、話していきたいと思う。

まずは感謝について考えていく上で、僕が大切だと思っている「目に見えない世界」について触れていきたい。**僕はご先祖様や目に見えない神様やそういうものを大切にする気持ち、**

それから目に見えないものは尊いと敬う気持ちを持つことは、すごく大事なことだと思うし、もっと言えば生きる上での基本姿勢だと思っている。だからお父さん、お母さんは小さい頃からお子さんに、そういうことの大切さについて、できるだけしっかりと教えてあげてほしいと思ってるんだ。

とは言え、子供たちに目に見えない存在やご先祖様を大切にする気持ちを伝えるのは、なかなか難しいということもわかっている。それは言葉で簡単に説明できるものではないし、科学的じゃないという人もたくさんいるから。

そこで僕は、**お父さんお母さんには「子供たちに背中で見せるということ」を、まず実践してほしいと思っている。**子供たちは、お父さんやお母さんのしていることを見ていないようで、実はすごくよく見ているし、知らず知らずのうちに親の影響も受けているもの。親が実践していれば、子供たちもそういうことの意味や大切さをわかって、自然とできるようになっていくはずだから。

実は僕も昔は、「目に見えない世界」なんて信じていなかった。お墓参りくらいは親に連れられて行っていたけど、その意味なんて考えていなかった。しかし、世界を回って歴史を学び、いろいろな体験をして、先人や世界中の人々がその世界を感じていることを知って、今では絶対にあるものだという確信を持っている。ただ僕の場合はそんな経緯があるし、こういうことについては人の世界観が影響するものから、「信じる」、「信じない」は本人の自由だとも思っている。

その上で、そういう世界があるという前提に立って話をするとすれば、僕は目に見えない世界は、「高次元の世界」だと理解している。僕らの目には3次元までしか見えないけれど、その上に僕らのエネルギー体の次元があり、その上には僕らの魂の次元がある、そしてさらに上に、ご先祖様や神様のいらっしゃる次元がある、というイメージだ。そして、そういう世界があるとしたら、僕らの体はエネルギー体からも影響を受けることになるし、普段の心がけや祈りは自分の魂だけでなく、より高次元のものへと繋がり、そこからのサポートを受け取ることもできると思うんだ。

想像してみてほしい。もし自分がこの世の中からいなくなって、魂だけの存在になったとして、地球全体をはるか上空から見渡せるようになった状態を。その地球に自分と血の繋がりのある大切な子孫が生きていて、何か困っていそうな雰囲気があったとしたら、助けてあげたいと思わないだろうか。それに頑張っていることがあればどんどん応援したいって、自然に思うんじゃないかな?

昔の人たちは、そんなふうにご先祖様や神様のような存在を大切にする気持ちが当たり前

にあったし、そういう目に見えない世界への敬意を払い、人間としての謙虚さをもって命を繋いできた。

そしてこういう意識を持っていると、「命の循環」というのも自然とイメージできるようになる。例えば僕らは人間として80年くらいで一生を終えるけれど、その魂はまたどこかへ帰っていって、一定期間を経てまた地上に戻ってくるというイメージだ。生まれ変わりとか輪廻《りんね》転生という話があるけれどまさにそんな話になる。日本人は人の死後に法事とかをやるけれど、この話を信じないと、法事はただの食事会になってしまうから。

それから、かつての武士や大東亜戦争で亡くなった人は、「七生《しちしょう》報国」という言葉を使って戦いに挑んだのを知っているかな。人は7回の生まれ変わりを経て、1サイクルを修了するという考え方が基本になっていて、この間自分の国のために働こうという意気込みを言葉にしたものだ。**生まれ変わりを信じていたから、日本人は命を懸けてものごとに挑むことができたんだね。**

こうやって3次元以上の世界に意識を向けることができると、実は人間も動物も植物も、さらには岩などでさも、全て、繋がっていることがイメージできると思うんだ。だから我々日本人の先祖は、万物に神が宿るとして、八百万《やおよろず》の神をずっと大切に祀《まつ》ってきたんだね。

全ての命は繋がって生かされている。そう考えると今自分が人間として生かされていることは本当に奇跡で有難いことで、そこには自ずと感謝の気持ちも生まれてくる。そして人も大切、自然環境も大切、生物も自分と同じように大切で、そういう全体の中で、さらに宇宙の循環の中で自分が生かされているということが、実感できるようになる。全体が調和をして、バランスを取っているから生きていくことができるんだ、って。

共生の基本に感謝の気持ちがないといけないってことの意味が、少しは伝わったかな。

そして、命の循環と感謝についてわかってもらえたら、続いては「理性」についても少し触れておきたい。理性についてわかってもらうには、理性と反対の悟性というものを説明した方が早いから先に触れておくね。悟性とは、わかりやすく言うと、知識とか頭だけで考えるっていうことなんだ。

たとえば本をたくさん読んでいて知識をいっぱい持っているんだけど、融通が全くきかない頭でっかちな人だったり、自分が深く入れ込んでいるものがあったとしたら「これが絶対だ」と信じて、他の価値観や選択肢を受け入れないみたいな状況が、悟性で捉えているイメージ。

じゃあ、その悟性と反対の理性は、どんなものかと言うと、**一つの考えや価値観に固執す**

ることなく、もっと柔軟にものごとを考えることができるっていうイメージ。ケースバイケース、つまり相手や状況に応じていろんな知識や道具、言葉なんかを使いながら、相手と上手く共存していくことができるということなんだ。

先にも紹介した京大の藤井聡先生は、理性というものについて、「**生命を基本とした循環を理解し、自らの生命が参画するあらゆる循環を回し続けることができる力**」と定義されている。ちょっと難しいかな？

では、このことを僕なりにわかりやすい言葉で説明してみよう。自分も循環の中に生きていて自然の命をいただきながら生きているので、動物や植物と同じように、僕たちもまた「自然の一部」であるということを認識する、ということなんだ。だからこそ、そういう大きな流れ、循環の中で柔軟に対応していく力、エネルギーを途中で止めるのではなくずっと回し続けていくことが大切で、それがいわば「理性」ということになる。

実際に、循環していないものは、流れが止まって固定されてしまっているから、そこに命があり続けることはできないということは、よくわかるよね。とくに「水」はその最たる例で、固定されて流れを止めてしまったら、あとは腐っていくだけだから。でもその流れを止めるのではなく、逆にいつも水が流れている状態にすることができれば、いつもフレッシュだしエネルギーだって高くなる。こちらの方が、自然な水のあり方だということは、よくわかるよね。

つまり、**循環を回し続ける力が「理性」**。一方、**自然の循環を切り取って固めてしまう力が悟性**だということになる。そして理性を持てるようになると、みんな一人一人が自然の一部で、循環の中を生きている存在だということがわかるようになってくるんだ。

日本人は昔からそういうことを大切にして、みんなで助け合って暮らしてきたからからこそ、多くの民族を受け入れつつ、自然を残して生きてくることができたんだと僕は思っている。

「自立」、「道徳心」、「感謝」

それぞれ聞いたことのある言葉だったと思うけれど、それを個人の身に付けていくことを前提に考えていくと結構いろんな勉強をしないといけないよね。

でもいい国を、いいチームを作ろうとしたらこうしたことをもう一度、僕らが見つめ直していく必要があると思うんだ。

第5章
12のアクション

第4章では、「独立自尊」「道義国家」「共生文明」の3つの理念で日本のビジョンを考えていく時、その構成員である僕らが、「自立」「道徳心」「感謝」を大切にして、学び身に付けておかねばならないなんていう難しい話をしてきた。

こんなことを書いている僕が完璧に理解できていて、実践できているかと言えばそんなことは全くない。ただ、それでも僕がこんな本を書いているのは、なんとか日本という国を、チームを立て直したいからなんだ。

そんな思いで、**僕がやってきたこと、0歳の自分の子供にこれからやろうとしていることを、これまでの話をベースにしながら、12のポイントに絞って説明するね。**納得できるアクションがあれば、できるところからやっていってほしい。

では、さっそく始めるね。

まず、12のポイントについてざっと伝えると

・自分が子供の先生になる

・家庭のルールを決めておく

・ティーチングではなくてコーチング

・「衣食住」を見直す
・子供の発達段階に合わせて環境をつくる
・「フロー」に入れる状態をつくる
・日本語マスターを育てる
・自分で料理をさせる
・エサを与えず、その取り方を教える
・友人の選び方を伝える
・家に神棚と仏壇を置く
・命の使い方を考えさせる

という感じになる。順番に見ていこう。

【自分が子供の先生になる】

この本を手に取ってくれているあなたにすでにお子さんがいる、もしくは、これからお子さんを持たれる予定があるということであれば、今日からでも早速、子供にとって「自分が先生だという自覚を持つ」ということを心に留めて、子育てをしていってほしいと思う。

なぜ僕がこのことを伝えたいかと言うと、**今のお父さんお母さんたちは、大切な子供の教**

育を、人任せにしてしまっていることが多いんじゃないか?と感じているからなんだ。例えば、最近の親御さんは良い学校に入れてたり、良い塾に入れて成績優秀な子に育てることが、子供にとって最も良い教育だと思っている人たちが多い。

もちろん人にはそれぞれの考え方や価値観があるから、全部一緒くたにして、それぞれの家庭の教育方針を否定するつもりはない。でも、批判を恐れず言うなら、そういう状況は現実的に自分が子供にとって良いお手本であろうとすることを放棄しているということになるんじゃないか?　と思うんだ。だからこの機会にそのことを心に問うてみてほしいんだ。

子供にとって一番近い大人というのはお父さんお母さんであるにもかかわらず、自分たちが子供たちのために何ができるか?　ということを真剣に考えようとはせずに、良い学校、良い塾に入れることを目的に頑張るのは、僕は本末転倒なんじゃないかと思っている。

実際に日本を見ていると、良い学校に入れることができれば成功、子供はよく育って、その子の将来も安泰、と思っている人が多いと思う。たしかに良い学校に入れることはメリットもあるから、それも一理あるのかも知れないけれど、僕はそれよりも先に親がもっとすべきこと、考えるべきことがあるはずだと思っている。

それは、**自分が子供の先生として、毎日の生活の中で勉強して、大切だと思うことを教え**

てあげたり、困っている時は真剣に向き合ってあげることだ。

それからもう一つ、このことで関連して言うと、僕は子育てをするときに、父性と母性のバランスを取って関わっていくことが、大事なことだと思っている。指導者には厳しさ（父性）と愛情（母性）の両方が必要で、その両方が上手く機能してこそ、「子は育つ」と僕は思うから。だから子供の教育を母性の強いお母さんにだけ任せるのは良くない。しっかりと役割分担を考えて、夫婦で協力しながらやっていくのが、理想のバランスだと思っている。

もちろん中にはいろいろな事情があって、シングルで子育てをしなければならない人だっているると思う。でも前段を踏まえれば、そういう場合はできるだけ頑張って、子供に父親的な厳しさと母親的な愛情の両方を伝えられるようになれるように、できるだけ努力してほしいと思う。もちろん、一人二役で大変でしんどいこともあると思うけれど、そうやって一生懸命子育てをしている姿を見せることが子供への一番の教育になるはずだから。

【家庭のルールを決めておく】

僕は、特にこれから結婚を考えている人たちに、結婚する前に「どういう家庭をつくりたいか？」ということについて2人でよく話し合って、ある程度ルールのようなものをつくっておくことを勧めたいと思っている。

そもそもこれをつくるためには、**お互いのお金に対する考え方、政治に対する考え方、宗教観、世界観、性に対する考え方、求めているライフスタイルなんかも事前に話し合っておかないといけない。**今は、恋愛結婚が増えてきたから、お互いの好き嫌いで結婚するカップルが多いと思う。でもそれだと、こうしたことの確認が難しいから結婚してからぶつかるケースが多いみたいだ。

このことはまた、結婚して子供がいる方々にも当てはまる。特に、子供の教育について家庭の方針がまとまっていないところは、今からでも決して遅くはないから、方針作りにトライしてみてほしいと思うんだ。

ここでいうルールとは、家族という一つの単位を運営していく上での、大切な決まりごとであったり、どういう方向に進んでいきたいかという、家庭の「ビジョン」のようなものを指している。

ちなみに僕の家の場合は、妻と話し合って決めた「家訓」がある。2人で子供の教育をするにあたってこの家訓を軸にしてやっていこうと決めたんだ。せっかくだから、参考までに紹介してみるね。

一、己の天才を活かし、世の中の役に立つこと

一、己の志と信念を持ち、それを貫くこと
一、義を尊び、勇気と愛を持って、自分より弱いものを守ること
一、素直さを大切にし、常に笑顔でいること
一、書を読み、歴史、賢者から学んで、日本人としての仁徳を身に付けること
一、自然と先祖に感謝し、目に見えないものを大切にすること
一、死生観を持って、今を全力で生きること

ではなぜ、家庭のルールが大切なんだろう？

僕が思うにその理由はものすごくシンプルで、**家庭が一つの社会単位としてまとまるから**だ。だから我が家のように価値観や世界観も入れておいた方がいい。これはスポーツチームだったり、会社の運営に当てはめてみれば、わかりやすくなると思う。チームや組織の場合、少人数の規模であればまだまとまるけれど、人数が増えていけばいくほど、ルールや規範が大事になってくるよね。だから家庭運営もそれと同じで、最初から共通のルールを定めておいた方が、うまくいくはずだ。だから結婚前に話しておくと、お互いの育った環境などもわかって良いパートナーになれると思っている。

もちろん一度決めたルールをずっと守り通さなければいけないということはないよ。家族

で話し合って、状況によって臨機応変に変えていけばいい。たとえば、自分の子供がルールに反した行動をしてしまった場合、「なぜそういう行動を起こしたのか？」ということについて、話し合う機会を持ったと仮定してみたとしよう。ここでどういうことが起こるかというと、改めて、ルールの趣旨と子供の行動を照らし合わせた上で、ルールが適正かどうかということについて、親子で一緒に考えることができるんだ。そこでもし、子供の意見の方が理にかなっていると思えば、そこで思い切ってルールを変えてみたらいいんだ。そうすることで、**子供はルールの趣旨を理解し、また必要があれば自分がルールを作っていくことも学習できる**。これって、「良き有権者」を育てる教育にも繋《つな》がってくることだから。

【ティーチングではなくてコーチング】

次は「教える」のではなくて「引き出す」ということについて考えてみたい。

これも子供を教育していく上で、すごく重要なポイントだと思っている。前の話と繋がってくる部分でもあるけれど、今の日本では、受験勉強をして良い学校に入れることが良い教育だと思っている人たちがものすごく多い。これは偏差値教育がベースになっている教育のあり方で、子供たちに勉強を「教える」ことが主体になっているものだ。暗記だったり、模範解答を出すことを重視して、実際に子供たちに考えさせるということが、ほとんどされていない教育だと言えると思う。

もちろん僕はそういう教育にも、一定の意味があると思っていて完全に否定をするつもりはない。九九の掛け算のように、一定のレベルまでは知識として教えるということは、最初は親が子供に教えてあげなければいけないことの一つで、それは大人の責任でもあると思う。どういうことというと、そういう基礎的な実力の土台がないと、そのあと子供たちは思う存分能力を開花させることができなくなってしまうから。

これは偉大な発明家やクリエイターにも言えることで、単なるひらめきだけでは、多くの人々を感動させるようなすごいものは生まれないということと同じ。**ひらめきや創造力が生まれる前には、そういう基礎的な部分、ある程度の知識や経験が必要であること**は、ここで言うまでもないこと。つまり、そういう基礎的な部分については先生や親が、ちゃんと責任を持ってしっかりと教えてあげなければならないと思っている。

でも、問題はその後。現状の日本の教育システムでは、そういう段階が終わってからも学校は相変わらず子供たちに対して、一方的に「教える」教育を続けてしまっているということなんだ。実際に日本の教育、特に戦後の学校教育は、どうしても教えること＝ティーチングが仕事だと思い込んでいる先生も多くて、その方向で教育に関わっていくから、子供たちが本来持っている良さや独創性を「引き出す」教育は、ほとんどされていないというのが現状だ。だから、そういう教育を根本から見直すことがない限り、子供たちの本来の力は、なかなか発揮できないんじゃないか?と、思ってしまう。僕は、**子供たちが本来の能力を発揮して、伸び伸びと成長できるような環境をつくりたい**。それが日本をもっと良くする一番の近道だし、それが僕のこれからの人生の中でますます重要な、一つの大きなテーマになっていくと思っている。

ここで、コーチングにより子供の能力を上手く引き出す「第三の教育」というものを紹介したい。これはCGSでもお世話になったラーンネット・グローバルスクールの炭谷俊樹《すみたにとしき》さんから教わったものだ。

その「第三の教育」とは、従来の先生が子供に教える教育でもなく、また逆に自由放任で子供に好き放題させる教育でもなく、最低限の情報は伝えながら子供の興味に合わせて自分で学習を進めさせる「**探求型の学習**」のこと。この「探求型の学習」では、子供にとって社会で生きていくために必要な基本的なことや学習指導要領に書いてある最低限のことはしっかり教えるんだけど、ずっと教え続けるんじゃなくて、ある程度の知識を伝えたら、あとは子供に任せて自分でやらせてあげる。宿題もテストもせずに、子供たちは自分で自分の学習の進度をチェックしていく方法なんだ。僕らが受けてきた従来の教育ではなかなか想像できないよね。

ただこの探求型の場合、一つ重要なポイントがあって、子供に任せるといっても任せっきりにするんじゃなくて、そのあともちゃんと「見守ってあげる」ということが、すごく大切なポイントになってくる。**子供は興味のあることに関しては、夢中になってどんどん調べたりするはずだから、大人はそういう子供が自ら探求していく分野をしっかりと見守ってあげながら、必要な時は手助けをしてあげたり、時を見計らって方向修正やアドバイスをしてあげることが大事だということなんだ。**

文章にすると簡単そうだけど、やったことのない人が実際に指導しようとするとものすごく難しい。だから炭谷さんの学校では、過去に学校で教えていた人は先生に雇わないようにしているそうだ。どうしても教えてしまうからね（汗）。探求型学習に興味がある人は、炭谷さんの主催する研修などを受けてみるといいかもしれない。

【「衣食住」を見直す】

「衣食住」については、「自立」のところの肉体をつくる話と重複するけれど、大切なことだからここで別の視点からも伝えておきたい。僕らは自然の一部だから、自然と調和することが大切だという話をしたと思うけれど、

緑や水が豊かな自然環境で生活すると、自然と不思議なシンクロニシティが起こって心身

も安定するし、細胞も蘇《よみがえ》ってどんどん元気になっていく。

これは植物に例えてみるとわかりやすい。植物は人工的で閉鎖された場所に持っていくと、どんどん弱ってしまうよね。それから鉢に入れて育てる場合も、光もないし肥料もないし栄養分だってないから、どうしても肥料を人工的に与えてあげないといけなくなる。でも、一方で自然の中の植物はどうだろう？　たとえ放っておいたとしても、自然の恩恵を受けてどんどん大きくなるし、すくすくと育っていく。人間も植物と同じ自然の一部だって捉えたら、この理屈は人間にも当てはまるよね。自然に近いところで子育てをした方が、子供たちも伸び伸びと、元気に育つということ。

ここまでを前提に、衣食住の「衣」のところから話を始めると、子供たちにはなるべく天然素材でできたものを着せてあげてほしいと思う。今の洋服というのは、ポリエステル、ナイロン、アクリルといった化学繊維でできているものが多いと思うんだけど、なるべくそういう人工的な素材のものは避けて、羊毛とか、植物とか、大麻（ヘンプ）でできている衣を着せてあげるということを、意識的に心がけていくのがいいと思っている。なぜかと言うと、自然に近いものを着用したほうが人間のエネルギーが高まるという研究結果があって、僕はそれを信じているから。簡単な説明になるけど、直接肌に触れるものって、すごく大切だっ

てことを普段から意識しておいてほしい

他にも「大麻」なんかは人によってイメージもいろいろだと思うけれど、実は戦前までは繊維素材として、日本人が大切にしてきたものなんだ。伊勢神宮のお守りを「神宮大麻」というくらいで、大麻というのは、神様を降ろすための神聖な素材として扱われてきたという歴史のある。ちなみに天皇陛下も重要な祭祀《さいし》の時には、麻の着物を着用されているんだ。それくらい大麻は神様の依代《よりしろ》として、珍重されてきたということだ。残念ながら戦後はそれだけ人のエネルギーを高めてくれる大麻の栽培がＧＨＱに禁止されてしまったわけだけれど、僕はここにも何か彼らの意図があるんじゃないかと思っている。

だからこうした歴史も知った上で、**できるだけ天然素材を選んで着用していくといいと思う**。質のいいものは高価にはなってしまうけれど、子供のエネルギーってものすごく高いから、それを抑制しないようにそこには少し頑張って投資をしていきたいところ。そういう素材を意識的に選んで着せてあげることは、それだけの価値があることだと思うから。

続いては、「食」について。

食というと、いつも何気なく食べているけれど、「**人間の体は食べたものでできている**」という原点に改めて立ち返ってみて欲しい。大人の場合はある程度体が出来上がっているからまだいいんだけど、子供の場合は、大人と違って発育の過程でこれから体が出来上がっていく時期だから、毎日の食事というのは、大人以上に大事にしないといけない部分だと思う。今、日本人が食べているものは、だいたいが戦後に広がった食べ物で、戦前のそれとはだいぶ変わってしまった。**元々、日本人は牛肉と牛乳、小麦なんかはほとんど食べてなかったんだ。**

ここで、日本人の体は、昔と比べて丈夫になっていますか？という質問があったとしたら、みんなはなんて答える？　寿命が延びているから今のほうが丈夫かな。確かに栄養状態は良くなったけれど、僕は昔の人たちの方が断然、丈夫だったと言えると思う。

例を挙げると、江戸時代の飛脚は一日100キロも走るような人が普通にいたし、それから戦前で言えば、農家の女性が1つ20kgもする重い米俵を3つも4つも1人で背負って歩くことができるということも、決して珍しくはなかったから。思うに、昔の人たちの食べ物は、栄養価はそれほどでもなかったけれど今よりも質は良かったんじゃないかな。だから当然、基礎的な体力もあっただろうし、いい筋肉だってあった。それから今でいう体幹みたいな、体の軸がしっかりできていたから昔の人たちはバランス感覚も良くて、ちょっとやそっとでは倒れない。そういう意味では、現代人よりもずっと強くて丈夫な体を持っていたと思うんだ。

じゃあ何を食べればいいのかって言うと、**僕は完全食といわれている「玄米食」を取り戻していくといいんじゃないかと思っている**。かつての食生活では玄米が一般的で、お米と言えば、玄米だった。たしかに白米は美味しくて僕も好きだけれど、栄養のある部分が取られてしまっているから、すごくもったいないよね。そして玄米食を始めるなら、是非無農薬のものを選んでね。そうでないと農薬が残留している可能性が多分にあるから。また、もっと栄養価を高めたいなら玄米の一番栄養ある部分を発芽させて「発芽玄米」の状態で食べるといいよ。

玄米の次は、「**生きている食べ物を食べる**」ということも大事にしてほしい。今はスーパーに行けば、一年中どんな野菜でも手軽に買えるし、食べ物に不自由することはまずない。ただ、それは生きている食べ物か？という視点でスーパーの食材を見渡してみた時、そこにはいくつかの疑問が湧いてくる。どういうことかと言うと、多くのスーパーで売られている野菜は大量生産をするためにたくさん化学肥料をあげて、無理やり大きくしたり、薬できれいに見せていたりするものが多いという現実だ。さらにそういう野菜は、肥料をたっぷりあげて育てている分、栄養価も少なかったり、日持ちもしにくかったりするんだ。

ここで立ち止まって、よ～く考えてみてほしい。そもそも旬ではない野菜が普通に売られていたり、野菜の形が全部揃《そろ》っているのは、どうしてなんだろう？って。田舎暮らしを経験した人ならよくわかると思うけれど、肥料を使わずに自然に育てた野菜は、形もいびつだったりして、決して見栄えはよくないよね。たとえばじゃがいもだったら、大きいものや小さいものもあったりして、不揃いだよね。それから収穫したら、自然農法で育った野菜なんかは日が経つにつれてどんどん萎《しお》れてくる。一方で、多くのスーパーで売られている野菜はどうだろう？　野菜の形もきれいに揃っているものばかりだし、野菜を買ってからしばらく調理できずに置いておくと、萎れるのではなく、腐ってくるんじゃないかな。つまり、生きているものは枯れていくし、死んでいるものは腐っていくっていうことだ。人間だって生きていれば、みんなだんだんとシワシワになるしね（笑）。だから体をつくる食べ物としてどっちのものがいいのかということも、ここで一度考えてみてほしい。

栄養っていうことに関連して話すと、一般的に栄養補助食品と言われているサプリに関しても、僕としてはちょっと疑問がある。もちろん足りない栄養素を補うという意味でサプリを摂ることはそれなりに有効かもしれないけれど、ちゃんと基本的な食事を見直さないで、栄養素を補うことができます！という一見真っ当な宣伝文句を鵜呑みにしてしまっているとしたら……。そもそもそれって、本末転倒なんじゃないか？と疑ってしまう。

人間って不足する栄養素は自分の体の中で作り出せるとも言われているから、過剰に気にしてサプリばかり摂っていると、逆に体の機能が使われなくて、かえって有害だという話もあるくらいだ。それにせっかくサプリを摂っていても、普段の食卓に上がる食べ物が死んでいたとしたら、意味がないと思うんだ。でもそのかわりに自然農法なんかで育てた、化学肥料を使っていない生きた野菜や食べ物を食べる習慣に切り替えていけば、そういう人工的なサプリに頼らなくても、体がちゃんと栄養素を作ってくれるはずだから。

ちょっと余談になるけれど、神谷家では今、自然農法で作られた野菜を全国数か所からお取り寄せしている。それで、実際にそういう野菜を食べているからよくわかるんだけど、自然農法で育った野菜というのは、化学肥料を使って大量生産された野菜とは違って、野菜がものすごく甘いし、なんとも言えない味わい深さがある。とにかくびっくりするくらい、本当に美味しいんだ。海外で野菜を食べる時も野菜が甘いから、やっぱり日本の流通野菜ってちょっと問題があると思う。

だから、**あなたも一度化学肥料なんかを使っていない自然栽培の野菜を食べてみて、舌でその違いがわかるようにしておくといいと思う。**

もちろん最近はスーパーでも、自然農法で作られた野菜のコーナーを設けるところも増えてきている。だからそういうところで安心できる食材を買うことができれば問題ないんだけど、大抵のスーパーでは、大量の肥料を使って育てた野菜と、いい野菜とが混在して売られていることが多いから、注意が必要なんだ。残念な話、産地をごまかして売っていることだってあるくらいだから。だから、できることならお取り寄せをして、顔が見えて信頼できる農家さんから野菜を買ったほうが確実だと僕は思っている。

そうやって**僕らの消費行動が変われば**、**本当に良いものを作りたいという思いで農業をやっている人たちの応援になるし**、**そこから日本の農業が復活する可能性にも繋がってくる**と思うから。野菜の話をしたけれど、他の食材も全部同じような仕組みになっているから、一度調べてみてね。

さて、もう一つ食ということで言うと、僕は「**発酵食品**」を食べることも是非お勧めしたい。そもそも日本人は昔から発酵食品を積極的に食べてきた民族で、味噌《みそ》、醤油《しょうゆ》、納豆と、良いものがたくさんあるから。なぜ発酵食品がいいのかを一言でいうと、要は「**菌が腸を元気にしてくれる**」からなんだ。腸には細菌がいっぱい暮らしていて、そのバランスで腸は活性化するわけだけど、発酵食品の中に多く含まれている善玉菌は、腸にとってものすごくいいエサになるということがわかっている。だから積極的に食べると腸内環境が整っていくということなんだ。それから、せっかく発酵食品を摂るのであれば、自分が生まれ育った土地の菌が、体にとって一番いいと言われているので、こちらも機会をつくって実際に試してみてほしい。

ちなみに、ここで菌ということに関連する話をすると、**殺菌、殺菌といって、なんでも消毒するのは良くない**、と聞いたことはあるかな。日本人は基本的にきれい好きな人が多いし、「殺菌するのがいい」というのはメディアの影響であるかもしれないけれど、殺菌って言ってみれば病原菌みたいな悪い菌だけでなく、良い菌も同時に殺してしまうことだから、そこは十分注意が必要なんだ。昔と比べて日本人の免疫力が落ちているのはこの辺に原因があるんじゃないかな。

腸の話が出たついでに、腸内をきれいに、良い状態にするためにはどうすればいいかということにも触れておくと、**たまにデトックスをすることが、僕は効果的だと思っている**。そもそも現代の日本人は、昔に比べて圧倒的に「食べ過ぎ」だということは、前にも触れたよね。つまり**現代の日本人は食べ過ぎで健康を害している**ということになるんだ。だから一日丸々食事を抜くようなプチ断食とか、まずは難しく考えずに、一日一食生活をしてみたりとか、できるところから始めてみるといい。３日間やるだけでも体の変化が感じられるし、１週間やればかなり体がリセットされるよ。そうやって断食をすると、ふだんフル稼働している腸を休ませてあげることができるし、外に排泄物を出しやすい状態ができるからね。
実は断食のメリットというのは、デトックスだけじゃない。それを定期的に実行することによって、**味覚や体の感覚が敏感になる**という利点もあるんだ。そうすると、自分の体が今欲している食べ物が自然とわかるようになるし、逆に体にとって良くないものは、欲しくなくなるから、結果的にだんだんと食生活が整っていくことになるよね。そして、そんなふうに体が変化していくと、いつの間にか「**本当に良いものを、少量食べる**」という思考に変わっていくんだ。そうなると当然病気もなくなるし、体もどんどん元気になって、まさにいいこと尽くめ、ということになる。

他にも伝えたいことはたくさんあるんだけど、僕が言いたいのは、子供たちには、小さい頃からできるだけ自然の生きたものを食べさせてあげたり、発酵食品を食べさせてあげたりして、よい食習慣を早いうちから作ってあげることが大事だということなんだ。**食というのは子供が選べるものではないし、それこそ親の食環境にダイレクトに左右されてしまうものだから、その辺りは親がしっかりと自覚をもって意識を高くして、子供にとって本当に良い食環境を作ってあげることが、すごく重要なことだ**と思っている。

さて、食べることに関連して、お水についてもここで少しだけ触れておくね。そもそも人間の体の60〜70％は水でできていて、水がものすごく重要だから。

和歌山に「ゆの里」という場所があって、特殊な湧水が出ていて世界の水の研究者が研究をしている。これは僕もそこに行って学んだことなんだけれど、「水には情報が記憶されている」という話はとても参考になった。それを前提に考えてみると、鉱石やセラミックなどを通すことで水が持つ情報が変わっていく、というふうに捉えられるようになったんだ。つまり、そこで伺った**良い情報を持った水を体に入れておくことで、細胞の状態をより良く保つこともできるんだと思っている**。だから、水道水などをそのまま飲むことは極力避けて、野菜と同じように生きている水をなるべく体に入れるようにしたいよね。お風呂なんかもそうだ。とくに都会の水道水は、塩素消毒をものすごくしていることを考えると、全身を浸すお風呂についても考えるべきだと思っている。湧水や温泉につかれる環境をつくっていくといいんじゃないかな。天然の水は水道水と全然違って、ものすごくやわらかい。実際に体を浸していると本当に心地良いし、水が生きている感じがして、そういう中に身を沈めると、細胞がどんどん蘇《よみがえ》ってくる感覚があるんだ。水の研究はまだまだ進むと思うけれど、今の段階でも自分で意識して取り組めることはやっておくといいと思う。

さて、ここまで「衣」と「食」というテーマにフォーカスして、環境整備についていろいろと話をしてきたところで、続いては「住」について話したい。住まいについては、「ここまでの話で、自然に近いところで暮らすのがいいということは、よくわかった。しかし、「そうは言っても現実的に難しい、今すぐ都会の生活を全部引き払って明日から田舎暮らしというのは、あまりにも無茶苦茶すぎないか?」という声も聞こえてきそうなので、ここで僕なりのアイデアをいくつか提案してみたいと思う。

僕は完全に都会から離れなくてもいいと思っている。そのかわりにもう一ヶ所、地方に拠点をつくって、地方で時間を過ごす比重を徐々に増やしていったらいいんじゃないかな。これは現に、今の地方の状況を考えてみても、十分に可能性のある選択肢なんじゃないかと思う。なぜかというと、今地方は、人口がどんどん少なくなっていて土地や家が余っているという状況だから。わざわざ都会のコンクリートの中に住まなくても地方に住む方法は実はいくらでもあるし、ちょっとしたトレンドにもなっている。だから今すぐに全部変えるのが難しくても、将来、地方に住むという選択肢を視野に入れて、今からできる範囲で少しずつ動いてみたらいいと思うんだ。

実際に、子育てをする環境という意味で考えた場合でも、日当たりがよくて、風の流れがあって、緑がたくさんある場所のほうが、子供にとっても断然いいに決まっている。今は自然環境を大切に考えて、風水なんかも取り入れた健康住宅づくりをしている会社もあるからまさにチャンスだと思う。そしてできることならこの機会に、**お金とか合理性ではなくて「子供たちにとって一番いい環境はどこだろう？」という視点で、生活環境の見直しをしてみるといいかもしれない。**もちろん急にじゃなくてもいい。できる範囲で少しずつね。

【子供の発達段階に合わせて環境をつくる】

「発達段階に合わせた関わり」については、イシキカイカク大学で講師もしてもらった吉村正剛さんに教えてもらったことをここで簡単に伝えてみたいと思う。

吉村さんは、子供の脳の発達に合わせて、３つの段階にわけて子育て環境を作るといいと提案されている。それを順番に見ていこう。

まず、第1段階の0～3歳の時の子供の脳はどういう状態かというと、爬虫類《はちゅうるい》脳が発達する段階で、**直感や反射神経、運動能力、行動力や決断力**などを司る部分が一番育つタイミングだ。言い換えれば、爬虫類脳をこの時期にしっかりと育てることで、生命として生き延びる力を獲得することができるようになる。だから、0～3歳の間は、子供を室内に閉じ込めお勉強させるなんていうことはやめて、なるべく外で体を使って遊ばせてあげるのがいいと思う。この時期にお受験なんてやらせる人もいるけれど、脳の発達を考えると真逆のことをやっていることになるね。爬虫類脳が充分に育っていないと、ひ弱な子になってしまって、逆に生物として生きていく上で、基本的な力を身につけられなくなってしまう可能性もあるよ。

続いて3〜10歳の間の脳はどういう状態かというと、今度は哺乳類の脳の部分が一番育って、**人間の感性や共感力、対人コミュニケーション能力**が育まれる時期だと言われている。だからこの時期には、できるだけ子供たちにいろいろな経験をさせて、どんどん人と触れ合うようにさせてあげるのがいいと思う。この時期は、家のお手伝いをさせるのもいいし、地域の子供会やボーイスカウトなんかで活動をさせるというのも、良い方法だ。そうすることによって、**子供たちは人間を理解し、社会の中で生きていく基本的な力を身に付けることができる**から。逆にダメなのは、学校と塾を往復させて、休憩時間はテレビゲームといったような生活。僕の親父はいつも「子供は外で遊べ」、「遊び方は自分で考えろ」と言っていたんだけど、今思えばそれはとても理にかなっていたんだね。今になって、改めて親父には感謝している（笑）。

そして最後の10歳以降の時期は、人間としての思考脳を育てるのに最適な段階に入る。この時期に思考する力を育むために、子供に本を読ませたり、たくさん質問したり旅行なんかで様々な情報を与えてあげると、**思考力や想像力**が開花していくと言われている。だから、子供に本格的に勉強をさせてあげるのはこの思考脳が発達してきてからがベスト、ということなんだ。

もちろんこの３つの段階は、あくまで目安。４歳児でも思考脳は育ってきているので、勉強をさせるなということじゃない。**脳が一番発達するタイミングに、その部分にもっとも刺激を与えるような関わりや環境を与えてあげるとその子の脳が活性化し、能力が引き出せるということ**を伝えたいんだ。

ここで極端な逆の例を紹介してみるね。３歳くらいから勉強ばかりさせたとする。すると子供の思考脳は発達し、情報処理や試験勉強はどんどんできるようになる。しかし、その一方で、体を動かすことをしてないと爬虫類脳が発達しないから、運動神経や決断力なんかはなかなか身に付かない。それから哺乳類脳が発達しないと、対人関係を上手く処理できなくなる。そんな子供が一流大学に入ったとする。頭はものすごくいい、学歴も申し分ない。けれど社会に出ようとしても企業などが受け入れてくれない。彼は思考脳が発達していて、プライドはものすごく高いから、妥協ができない。それで結局大学院まで進学するけど、やっぱり仕事につけなくて家にこもって、結局パソコンと一日中向き合う生活になる。そして社会で認められない屈折した気持ちを、ときに親に暴力でぶつけたり、犯罪という形で社会に報復したりする。彼は、思考脳が発達しているから創造や空想は得意なんだけど、哺乳類脳が弱いので、人の痛みや感情が分からない。それで、ゲームの世界と現実の世界の区別ができなくて、ゲームの中のような残虐なことも平気でできてしまうような人になる。

　これって案外身近に潜んでいる可能性もある、ドキッとするような話じゃないかな。こんなふうに成長してしまった人が思いつかない？実際に自分の子供がこんなふうになったら困るよね。**だから親は、まわりに流されて小さい頃から塾に入れたり良い学校に通わせることよりも、子供の人生を長い目で見てあげて、その子が自立して社会で活躍できるだろうか？ということまで考えて、子供の教育ということを改めて見つめてあげてほしいと思う。子供の人生は、子供のものであって、子供にとってよかれと思っていた教育が、よくよく考えてみたら親のエゴだった、ということはよくあることだから。**

　それから、もう一つ。子供はそれぞれに違う個性を持っている。だから親はそのことをちゃんと尊重してあげて、成長段階は人ぞれぞれであるということもわかってあげてほしい。年齢についてはくり返しになるけれどそれはあくまで目安。**だからお父さんお母さんが、子供の成長を信頼してあたたかい目で見守ってあげることが大事で、本当に必要な時には手を差し伸べてあげるのが、親にとって最も大切な役割だと思っている。**子育てには「絶対にこうしなければいけない」という答えがないところが難しいところではあるけれど、だからこそやり甲斐もあると思う。そしてその中で試行錯誤しながら少しずつ最適な方法を探り当てていくことが、子供にとって、本当の意味での「良い教育」というものに繋がっていくと思っているんだ。

【「フロー」に入れる状態をつくる】

前段でも触れたように、子供には発達段階があるから、それぞれの段階に応じて子供の好奇心を伸ばすために、小さいうちからできるだけいろいろなものごとに触れさせ、いろいろなことを経験させてあげるのがいいと思う。

ここで一つ大事なことが、**親や先生が「子供がどんなことに興味を示すのか？」ということを観察して、その子にあった環境を用意してあげることだ。**子供がどんなことに反応するか？ということがわかれば、その後、どの分野でその子を伸ばしていってあげたらいいかというヒントが見えてくるし、子供の才能の芽も、早い段階で見つけられると思う。

子供は基本的にとても素直だから、好きなこと、興味のあることに関してはものすごく敏感に反応するし、そういうものと出会えた時は、とことん熱中するもの。それこそ、ごはんや寝るのも忘れるくらいの爆発的なエネルギーで、好きなことに、とことん没頭することができてしまうんだ。こういう状態を「**フロー状態**」とか「**ゾーンに入った状態**」と言う。だからそういう状態になったらチャンス。子供が飽《あ》きてやめるまで、とことんやらせてみよう。

極端な話だけれど、この状態になって学校に行きたくないと言ったら、それを許容するのも一つの選択だ。学校に行かないといけない、というのは近代に誰かが決めたルールで、絶対の正解ではない。そして子供のフロー状態を見て取ったら、その状態が維持できる環境を考えて、長期的にそれがその子の職業にまで繋がるように考えてあげてみたらどうかな。特に最近は発達障害の子供も増えているよね。その子たちを、集団教育をする今の学校に入れて進学させても、一般の職業に就かせることは難しい場合が多い。それなら、障害は他の子との違いに過ぎず、その子の個性だととらえて、その子が得意なことを伸ばす環境をつくってあげるといいと思うんだ。海外の学校ではそうした取り組みをしているところも見てきたんだけど、日本では明治以降の集団教育で、みんな同じことができるようにしようとするから、その子の個性を見て、フローに入れてあげられる環境が圧倒的に少ないというのが現状。であれば、繰り返しになるけれど、教育は**学校任せにするのではなくて、「親が先生になってあげる」ことが基本**で、そこを大切にしてほしい。

【日本語マスターを育てる】

僕は子供の教育で一番有益なのは、子供が自分で本を読む習慣をつけることだと考えている。だから、うちの子供にはテレビを見せないし、テレビゲームもｉＰａｄなども一定年齢になるまでは、絶対に使わせないと決めている。この点は、妻とも合意している。余談だけど、イスラエルのＩＴのトップエンジニアも、テレビやスマホのゲームは子供に与えないと言い切っていた。「あれは子供をバカにする」と。

そこで僕が妻にお願いしているのは、子供が０歳～５歳くらいのまだ小さい時は、とにかく言葉を早く覚えられるように、たくさん話しかけてあげたり、本の読み聞かせをしてあげてほしい、いうことだ。そしてたとえ読めなくてもたくさんの本を周りに置くようにもしてもらっている。

そうやって、言葉や物語にたくさん触れさせてあげると、言語感覚が自然と発達するし、その後、自分でも進んで読書をするようになっていく可能性が高くなるから。それから、なぜたくさんの本を読ませてあげるのがいいのかと言うと、そこにはもう一つ大事な理由があって、**「母国語である日本語をしっかり学ぶことができる」**からなんだ。実は、**日本語を習得することで、日本人は日本人の感性を身に付けられると言われている。**

例えば日本語は、主語や表現が曖昧だという特徴があって、それは時にマイナス評価もされたりすることもあるけれど、実はそこに**日本人の相手に対する思いやりや優しさ**があるんだ。そんな風に広くを受け入れる懐の広い言語だからこそ、自他の境界線が曖昧になって、他者を自分のことのように大切に思うことができたり、みんなの和を大切にしていこうという思いを持てるようになる。つまり**自分だけではなく、他者や全体のことを考えられる特徴が日本語にはあるということ。**だから**小さい頃から日本語にたくさん触れさせることによって、子供たちはそういう日本人独特の感性だったり美意識を身に付けることができるようになる、ということなんだ。**

考えてみてほしい。外国人の子供でも日本で育つと日本人になって、日本人の子供でも海外で暮らして日本語がしゃべれないと日本社会になじめなくなってしまうというケースを。これは環境だけでなく、言語による思考パターンも大きく影響しているんだ。日本語と外国語では話すときに使う脳の部位も違ってくるから。だから子供が小さいうちに、読書なんかで徹底的に日本語をマスターさせて、まずは日本人に育てておくということをお勧めしたい。外国語は日本語をしっかりおさえてからでも、問題ない。まず日本語でしっかりした思考力をつけておかないと、外国語が話せても役に立つ人材にはなれないから。

では、外国語はどうするのか？というと、子供が小さいうちは、単語や意味を教える必要はなく、**その言語が聞き取れる耳を作っておいてあげるといい。**これはなぜかと言うと、英語などの外国語は、その音域が日本語と違うからなんだ。だから**日本語以外の音域を聞き取れるような耳だけ作っておけば、年を取ってからでも問題なく外国語は習得できるようになる。**

多言語を自由に使いこなせる人は、概して耳がいいという話を知っているかな？「絶対音感を持っている」なんていう人も結構いるんだ。つまり相手がなんて言っているかが聞き取れれば、あとはその単語の意味が分かるかどうかだけの話で、文法なんてわからなくても外国語はある程度扱えるようになるっていうことなんだ。

そうだとすれば、広い音域を聞き取る耳を小さいうちにつくっておきたくなるよね。それには、音域の広い音を聞かせる必要があるから、子供を自然の中に連れて行って、虫の鳴き声や川のせせらぎ、風の音などを聞かせてあげたり、楽器の生演奏なんかを聞かせてあげるといい。ＣＤなんかも手軽だけど、あれはデータ量を減らすために、音域を切ってつくっているから、子供に聞かせるならレコードなんかの方がおすすめだ。

読書で日本人の感性と言語能力を身に付けて、いい耳をつくっておけば、子供が興味を持った段階で外国語の習得はできる。だから、幼児期や小学校低学年で無理に外国語を教えることは、僕は少なからず問題があると思っている。まず**日本語の語彙力や思考力がなければ、ちょっと外国語が喋《しゃべ》れても全く世界では通用しない**。言語なんてコミュニケーションの道具だから、道具をたくさん集めることを考えるんじゃなくて、道具の使い方をしっかりマスターしておく方が有用でしょ。それには英語なんかより難しい日本語を使った方が効率もいい。だからたくさんの本を読ませることを、僕は大切にしているんだ。

【自分で料理をさせる】

これは前述の「自立」というキーワードにつながってくる部分で、毎日やることだし、どこの家庭でも子供にやらせてあげることができるから、例として紹介したい。そもそも、**なぜ料理をさせるのがいいかというと、生きるための基本的な力を身に付けることができるからだ。**

まず、料理をする時は、包丁も使うし、刃物も使うし、火だって使うから危険が伴う。そして危ないからこそ、危険をちゃんと回避したりコントロールする力を身につけることができるようになる。次に料理のいいところは、食材やメニューを選ぶことを通して、食育も一緒にできるということなんだ。こういうことを小さい頃からやってあげると、自分の体は食べたもので作られるということがわかるようになって、一緒に食べる家族のことも思いやれるようになる。自分の好きなものばかり作っているとバランスが悪くなることもわかるからね。そして、この本で伝えたように今の日本の食材がどうやって供給されているかを教えていけば、世界の仕組みやお金の仕組みを教えていくことができるようにだってなる。さらに、健康を考えさせれば、食を通して自分が「自然の循環の中にいる」という、大切なことも教えることができるんだ。それだけじゃない。料理をすることは、いろいろな食材を組み合わせたり、味付けをするという意味で、最高の創作活動だから、食を通じて創造力や表現力を育てることにも繋がるよね。それに、料理が上手なら、将来絶対職には困らないというメリットもある。なぜかというと、今や世界は、空前の日本食ブームだから。僕が海外を回っていても日本食レストランが溢《あふ》れている。しかし、そういうレストランのオーナーや料理人は日本人じゃないんだ。どういうことかというと、つまり外国人が日本食ブランドで商売してるってこと。そして海外では常にいい日本食の料理人を探している。つまり「料理ができる」を武器にすれば、世界中に需要があるってことだよ。

一人で生きる自活力になり、危険のコントロールができて、その上、人を思いやる力も付いて、世界やお金の仕組みや自然の循環が理解できるようになる。さらに創作能力が高まって、手に職もつけられる。

1つのことで、どれだけの能力が備わる？ これはやらせない手はないでしょ。おまけに言うと、男の子でも料理ができると女の子にモテるらしいよ（笑）。

【エサを与えるのではなく、その取り方を教える】

動物が子供に最初に教えることは、エサの取り方なんだけど、人間だけは違うことから教えている。まず僕らもちゃんと子供たちに、エサの取り方を教えてあげよう。具体的にはお金の仕組みと稼ぎ方、使い方を教えてあげる、という感じかな。

お金の歴史については先述した通り、そのあたりをかみ砕いて教えてあげるといい。**お金は道具だから、お金に支配されてしまうのはバカバカしいし、人は信用があるとお金が集まる、ということを**。

次に稼ぎ方・使い方のトレーニングだけど、具体的にどういうことができるかと言うと、僕は親のお小遣いの渡し方一つから工夫することができると思っている。

たとえば日本の多くの家庭では、「子供がこれくらいの年齢になったら、だいたいこれくらいの金額を渡す」という定額のお小遣い制を採用している家が多いよね。でも、こういうお小遣いの渡し方は定額のお給料をもらう会社員を育ててしまうことにつながらないかな？　では、どういうお小遣いの渡し方がいいのかと言うと、その子の成長に合わせて、家族の中での役割を与えてあげて、その仕事の対価として、お小遣いを渡すのが一番良い方法なんじゃないかと思う。小さい頃からこういう習慣があると、責任を持って与えられた仕事を全うすることや、お金の稼ぎ方を子供は自然と学んでいくことができるようになるから。

次のステップとしては、アメリカなんかでよくやるガレージセールを子供にやらせるといい。アメリカでは家の不用品や自分でつくったジュースなんかを、売らせてみるんだ。子供に人からお金を頂くという体験を早いうちからさせていくんだね。現代なら「メルカリ」に出品させるなんて方法もアリだと思う。ちなみに僕は実家が商売をしていたから、実は小学生の時から仕入れと販売をこっそりやっていた（笑）。

そして、お金のもらい方が少しわかってきたら、ロバート・キヨサキの『金持ち父さん貧乏父さん』なんかを要約して教えてあげるといい。ここで、**現代においてお金を得るには、労働という方法と投資という方法があることを理解させるんだ。**労働は自分が働いてお金を得る方法、投資は他人やお金に働いてもらってお金を得る方法だと伝えたら、子供でもちゃんと理解できるようになる。その上で、労働の大切さや尊さを教えて、さらに人は一生は働けないから、労働で稼いだお金を投資に回して、生きるための道具であるお金を安定して得る方法を考えさせてあげるといいね。ここでは死ぬまでにいくらのお金が必要かなんてことも考えさせて、人生プランを立ててみるという応用編を取り入れるといった方法も効果的だと思う。

稼ぎ方がわかってきたら、次はそのお金をどうやって使うのか？　ということを教えてあげるといい。まずはお小遣いを使って消費行動を教え、消費だけだとお金が無くなっていくことを教える。それから、基本的なお金の運用方法だったり、ビジネスをつくるなんてことも応用編として教えていくんだ。最初はどんなに小さなことでもいいから少しずつ、社会の中でお金がどう回っているのか？　ということを実感できるような体験をさせてあげるのがいいと思う。

世界の仕組みのところで、お金で世界を動かすような資本家がいるという話をしたけど、彼らは子供たちにこうしたお金のルールや資産の守り方をしっかり教えている。だから彼らは代々にわたって、資産を受け継いでいくことができるんだ。

日本人は働くことを美徳と考えてきたし、チームの中で貢献していくことを生きがいにしている人も多いから、「労働脳」がめちゃくちゃ発達している。だからすごくきめ細かなサービスをするし、長時間労働だって平気だ。しかし、**今の世界のルールでは「労働脳」だけでは、ゲームには勝てない。世界の舞台で勝負していくためには、「投資脳」も必要なんだ。**そのことをみんなが理解して、子供たちにちゃんと伝えていけば、日本の経済もまた復活できるんじゃないかな。

【友人の選び方を伝える】

「どんな友人と付き合うかで人生は決まる」。

これは僕の尊敬する吉田松陰先生や橋本左内先生がそれぞれの著作でおっしゃっていることの意訳だ。吉田松陰先生は、自分の従弟が元服するにあたって「士規七則」という文章を書いていて、その中で「良い先生と、良い友を選びなさい」と教えているし、もう一人、橋本左内先生は、15歳の時に書いた「啓発録」という本の中で、「自分の人生目標として、良い友達を選んで付き合うんだ」ということを、はっきりと宣言されている。

２人の先生の言葉を僕なりに解釈すると、要は「一**緒にいて居心地がいい人とだけ付き合っていてはいけない**」ということなんだと思う。もちろん気の合う友人も必要だ。しかし、そういう人とばかり付き合っていたら、頑張らない人間になってしまう。だから大切な友人を選ぶ時には、その人といると「自分はもっと頑張らなくちゃいけない」とか「自分はなんて至らないんだろう」と**自分を発奮させてくれる人を選ばないといけない**ということを先生方はおっしゃっている。

あなたは『ワンピース』というアニメを知っていますか？　日本一人気のある作品だと思うんだけれど、この中にいいエピソードがあるのでここで紹介してみたいと思う。

ワンピースは、ルフィーという主人公が、数名の仲間と海賊団をつくって、悪い海賊や世界政府を相手に戦っていく冒険ストーリーだ。ルフィーの海賊団は個性豊かな強者ぞろいなんだけれど、たった一人だけウソップという強くないメンバーがいる。ウソップはずっとハッタリで生きてきた人間で、基本的には強くないんだ。でもルフィーをはじめ、まわりの仲間がどんどん強くなっていく姿を見て、海賊団の一員として、だんだん居心地が悪くなってきてしまう。このままでは自分はみんなの足手まといになるかも知れないと思い始めるんだ。そこでウソップはある時、意を決して仲間から離れていくことを選ぶ。そこでウソップは「このまま海賊団にいたら、自分はダメになる。いつもみんなに頼ってばかりで全然強くなれない。自分は自分でみんなを助けられるようにちゃんと力をつけないといけない」と言って、修行の旅に出ることになるんだ。その後、ウソップはちゃんと成長してまた海賊団に戻ることになるんだけど、この旅立ちのシーンは本当に感動的だった。

このワンピースのエピソードでよくわかると思うんだけれど、ウソップにはいい友人がいた。自分より努力して成長し、自分に良いプレッシャーを与えてくれる友人たちだ。もし、ウソップがルフィーの海賊団に参加していなかったら、おそらく彼は一生ハッタリだけで生きていくことになっただろう。

つまり吉田松陰先生も橋本左内先生も、そういう良い友人をつくり、自分の先生にしようということをおっしゃっていると思うんだ。また、そういう友人は精神的な面だけでなく物質的な面でも、必ず良い影響を与えてくれる。人は人と一緒にいるだけでミラーニューロンというのが働いて、同調し始めるんだ。その証拠に元気な人といたら元気になるし、逆に落ち込んでいる人といたら自分もそういう気分になってしまう。これは科学的にも証明されていて、**良い人がまわりにいることで脳がどんどん活性化して、その人のいいところを見習っ**

て自分も自然にできるようになっていく。だから友人を選ぶということは、そういう環境を意識的につくっていくということでもあるんだ。

こういうことを子供の時にちゃんと知っていて、人を見る目、選ぶ基準を磨いていくと、人生は大きく変わると思っている。

【家に神棚と仏壇を置く】

これは先述した「目に見えないものを大切にしよう」ということの実践編の話だ。言うまでもなく、「神棚と仏壇」が象徴するのは、神様やご先祖様だ。では、あなたはそういうものをお祀りできる場所を家に作っているかな？「マンションに住んでいるからスペースがない」なんて言い訳はダメだよ。神棚くらいはどんな家でも簡単に作ることができるから。そして、そうした場所ができたら、ちゃんと毎日手を合わせて祈りを送るということを、是非習慣にしてみよう。ちなみに「祈る」とは、お願いのことじゃないよ。もちろんたまには個人的なお願いもいいけれど、**基本的には日々の生活が無事に送れていることへの感謝の気持ちを神様やご先祖様に伝えるんだ。**ここで大切なことは、**そういう目に見えないものに対して親が手を合わせていたり、祈っていたりする姿を見せることで、子供たちも「そういう存在があるんだ」ということを感じることができるようになるということなんだ。**たしかに言葉で説明するのは難しいけれど、親の姿を見ることで、目に見えないものを感覚的に理解できるようになって、そういう存在に対する畏敬の念をだんだんと持てるようになってくると思うから。

ある教育者の方に聞いた話なんだけれど、とある少年院の子供たちにアンケートを取ってみたところ、ほとんどの家庭に神棚も仏壇もなかったらしい。後で調べても具体的な数字は見つけられなかったんだけれど、僕はおよそこういうことだと解釈しているんだ。つまり、仏壇なんかがあると子供たちは知らず知らずのうちに、自分のご先祖のことを意識するようになる。すると、**自分が命のバトンを受け継いで今を生きているると感じざるを得なくなるんだ。自分が今この世の中に存在しているのは、ご先祖様や肉親が命のバトンを繋いでくれたから、っていうことが自然とわかる**ようになるから。そうなると、自分の命は自分だけのものじゃないこともわかってくるから、自分の好き勝手をしてちゃいけないっていう気持ちにもなる。それから周りにいる人もそれぞれ命のバトンを持った尊い存在だって気付くことができれば、人を傷つけたりもしなくなる。

このことを理屈で教えるのはなかなか困難だけれど、毎日の習慣の中で気付かせていくことはそんなに難しいことじゃない。少年院に行った子供たちの多くがこうした学びの機会をもらえなかったんだと、僕は解釈している。どうだろう？　家に神棚や仏壇を置こうっていう気持ちになってもらえたかな。

【命の使い方を考えさせる】

命の使い方と書いて、「使命」という言葉があるよね。そして言葉があるということは、日本人は昔から自分の命の使い方を考えて生きてきたんだということが、言えると思う。しかも西洋のように「使命」は神様から与えられるという考えではなく、自分で決めるという性質のものだ。

言い換えれば、「**何のために生まれて、何のために死ぬのか**」という死生観を持つことができるようになるっていうことなんだ。誰もが知るアニメ『アンパンマン』の歌の歌詞にもあるよね。「何のために生まれて〜♪」っていうフレーズ。あの歌はすごくポピュラーで子供たちにも大人気だけど実はものすごく深くて、生きることに対する大切なメッセージが込められているんだ。

でも今の日本で日常を過ごしていると、病気にでもならない限り「死」を意識することはほぼないから、「生」や「命」と向き合うこともなくなる。つまり、**一昔前の日本人が持っていた「死生観」みたいなものが持ちにくい環境にあるんだ。**

そういう僕だって、20歳くらいまでそんなことを考えたことはなかった。だって、小学校に行ったら次は中学校、そして高校、大学とエスカレーターになっていたから、言われたままの勉強をして、適当に親が望む仕事に就けば、親も喜んでくれるからいいだろうくらいに思ってずっと生きてきたから。自分の時間はそうしたことのために使えばいいって漠然と考えていた。だから、受験や学校の勉強がない時間は、バイトなんかをしてもらったお金で遊んでいた。周りもみんなそんな感じだったしね。そこに違和感すらも感じなかったんだ。

でも、第1章で話したように、海外の若者に刺激を受けてからは、日本人として何か自分たちの社会や国に役立つことをやっていきたいと思うようになり、若者の意識を変えるための教育やそのシステムをつくりたいと考えるようになった。

こうして自分の命、つまり時間や労力をかける目標がしっかりと定まったんだ。それで借金をして大学院にも行ったし、選挙に出て政治家もやってきた。つまり、自分の行動指針みたいなものができたということになる。

ただ一つ後悔したことは、もっと早く自分の行動指針が決まっていたら、もっと違う生き方ができたと思うし、思春期をより有意義に過ごせたということだ。もっと若い頃に、**自分の命と向き合う環境が欲しかったと思っている**。例えばそういう環境をこれからつくっていけば、年間3万人近くも出ている自殺者だって減っていくんじゃないかな。日本ほど経済が発展して、物質が溢れているのに、これだけ多くの人が自殺する国って他にないと思うんだ。

結局、先述のご先祖様の話に繋がるけれど、自分の命の価値やその使い道がわかっていない人が溢れてるってことなんじゃないかと思う。

若い時に、自分の命の使い方や死生観が定まっていたら、時間を無駄にせず走っていけると思うし、その使い道が「世のため、人のため」ということになれば、ちょっとやそっとの困難はいくらでも乗り越えていけると思うんだ。逆に言うと、それがないと、時間を無駄に過ごしてしまうし、自分の嫌なことからすぐに逃げてしまうことになると思う。でも対人関係を考えてもわかるように、「世のため、人のため」に頑張っている人は、必然的にみんなから応援してもらえるよね。

何事に対しても一生懸命に取り組む姿勢があって。困難にもへこたれることなく、まわりからも応援してもらえる人。

あなたが親だとしたら、自分の子供たちにそんな人間になってほしいと考えるのではないだろうか。だとすれば、若くして命の使い方を考えさせて、志を立てさせるように導いてあげるのが、一番いい方法だ。ただ、あなたが大人としてそういうものを持っていなければ、子供にだけ「持ってほしい」と言っても、現実的にはなかなか難しい。だからまずは、自分の命の使い方というものとしっかり向き合ってみてほしいと思う。

一気に話を進めてきたけれど、ここまで話してきた12アクションをできることからやってみて欲しい。何度も言うけれど僕だって全部できているわけじゃない。ただ、子供のためにできるだけ実行していこうと思っているし、そうやって子供たちが変わっていくことで、日本が変わっていくと思うと、ワクワクするんだ。だから一緒にやっていこう。

第6章

本当の日本をつくる

歴史の話に始まり、世界の中で今日本がどんな状況に置かれているのか?ということ、またそれを踏まえた上で、これから具体的にどんなアクションを起こしていけばいいのか、ということについて順を追って話を進めてきたけれど、いよいよ最終章だ。

この章では、ここまでの内容を踏まえて、僕のこれからの展望について話していくね。あるべき日本の姿を作っていくために、僕なりのアクションを考えているので、それがあなたの活動のヒントになればと思う。

僕の人生の大きな転機であり、本格的にスイッチが入ったきっかけは、海外留学での人との出会いだった。その時に、「日本人の意識を変えないと、マズい!」、「このままだと日本は将来、大変なことになる」と痛切に思った経験がその後の人生に繋《つな》がって、思い切って29歳の時に政治の世界に飛び込むことになったんだ。でも実際に政治の世界に入ってみると、いろいろな壁があったり、しがらみもあったりで想像以上に変えていくことが厳しい世界だということがよくわかった。そして、何よりも自分にビジョンがあってもそのことを共有できる仲間が少なかった……。そこで色々と限界を感じた僕は、2010年に「龍馬プロジェクト」を立ち上げることになったんだ。

龍馬プロジェクトでは、本気で日本を変えたいと思っている仲間を集めたかったから、その目的のために全国各地をひたすら回って、「地方から日本を変える」という意志で、仲間づくりとビジョンを届けることに日夜奔走した。その結果、熱意と行動の甲斐《かい》もあって、数百名の若い議員とネットワークを築くことができた。これは僕にとっても大きな自信につながった経験の一つで、この活動はこれからも続けていこうと思っている。

ただ、龍馬プロジェクトも含めいろいろな活動を通じて、いくら選挙に出て熱い思いを訴えても、そのことを受け手である有権者に理解してもらえなかったら、何も形にできないということもその時同時に痛感した。これはたくさんのアクションを起こしてきたからこそ、見えてきたこと。実際にやってみないとわからないことが、人生には本当にたくさんある(汗)。

だから僕は2012年に衆議院の選挙で落選したことを一つのきっかけとして、僕たちが目指すビジョンや理念を理解してくれる人を増やさないといけないと考えて「CGS」というメディアをつくり、日本の課題やその背景を伝え、12万人にチャンネル登録をしてもらうところまでやってきた。

でも、そこでスイッチが入った人や、本格的に目覚めた人もいたけれど、それでも日本全体の人口で見たら、まだまだマイノリティの存在。だから、スイッチが入った人や気付いた人がワンストップで多くの情報を学べて、学ぶ人同士が語り合えて、さらに繋がることができる場が必要だと思って、その後2018年に「イシキカイカク大学」という大人の学び場をつくったんだ。そして次は、そうやって集まった人たちと一緒に子供の学びの場を、つまり学校をつくりたいと思っている。

ここまでの話をざっと整理すると、「日本人の意識を変えないと、マズい！」が僕の行動の原点で、そのために教育を変えないといけないと思ったから、まずは政治の世界に入った。けれども政治を動かすには、大人の意識を変えないといけないとわかって、まずはネットメディアから大人の学び場をつくることになったんだ。そこで確信したのは、規模は小さくても子供が良く育つ学び場をつくってみんなに体感してもらうことが遠回りのようだけれど実は一番の近道で、労力も少なくて済むということ。だから、僕は仲間たちとこの本に書いたようなことが実現できる学校を地方に作っていきたいと思っている。しかもそこにはちゃんと行政の協力もあって、次の日本の教育のモデルになるものにしたいんだ。

ちなみに今の日本の教育というのは、明治維新の時の教育がベースになっている。それは具体的にどういう教育かと言うと、**「富国強兵」というビジョンのもとに、優秀な労働者と**

兵隊をつくるという目標で、藩ごとにバラバラだった教育を全国一律に統一して行なうというものだった。海外の教育者が日本の教育現場を見て軍隊みたいだと感じるのは、こうした理由があるからなんだ。そういう意味で明治の教育は、「画一的に言われたことをきちんとできる人をつくる教育」だと言える。もちろんこういう教育は当時の社会には必要で、実際に江戸時代よりも明治に入ってからの方が平均的な学力も上がっているし、その後の日本の発展を考えてみれば、功を奏したわけだから、そのこと自体を否定するつもりは全くない。

ただ明治の時代になぜその教育でよかったかと言うと、江戸時代までの武士の教育で、社会の中に**「身分のある者はそれに応じて果たさねばならない社会的責任と義務がある」**という意識を持ったリーダーがいたからだ。**この武士の教育は明治以降も師範学校という形で残されたけど、日本の敗戦とともに断絶してしまった。**

つまり何が言いたいかというと、**戦後の日本にはリーダー教育がないので、リーダー不在のまま「画一的に言われたことをきちんとできる人をつくる教育」を変わらずにやってきた結果が、今の会社だということ。つまり戦後生まれにいたような強烈なリーダーが社会の中心からいなくなって以来、明確に向かう方向も定まらないまま、日本はずっと迷走状態を続けているということなんだ。**つまり、政治でも経済でも、みんながついていきたいリーダーはほとんどいないという現実には、ちゃんと理由があったということなんだ。そして、これからの日本に必要なのは、全体の画一化じゃなくて、たとえ若干ムラができたとしても飛び抜けた人間や個性の強い人間がもっと出てきて、それぞれの分野で人をまとめて社会を引っ張っていかなきゃいけないっていうこと。今は昔みたいに身分でリーダーを育てる時代じゃないし、封建的な組織も合わないから、**ピラミッド型じゃなくて、むしろ円型の組織の中のプロジェクトリーダーを育成することをイメージしてみるといいと思う**。つまりプロジェクトごとにリーダーが変わっていく感じだ。わかりやすいのは先述したアニメの『ワンピース』のようなチームで、主人公のルフィーのようなリーダーこそが、これからの日本に必要だと思っている。

先に明治の教育は「画一的に言われたことをきちんとできる人をつくる教育」だという話をした。これは今で言うと、「会社員を作る教育」ということになる。別に会社員を悪く言うわけじゃないんだけれど、会社員というのは経営者がつくった会社で働く人たちのことだ。だから自分で世の中の流れを先読みして、経営戦略を立てる必要はないし、自分の責任で資金を調達しようということもしない。むしろ、如何《いか》に効率よく働いて給料をもらおう、という思考になりがちだ。

僕は日頃から世界各国を回り、いろんな国の人を見ているけれど、その中でよく思うのは、**日本には「今だけ、金だけ、自分だけ」という意識の人が、昔に比べて随分と増えてしまったということ**だ。でも、それはある面では仕方がないことなのかも知れない。だって、現にそういう教育をしているんだから。

もちろんみんなだってそのことは漠然と気付いている。だから、僕が全国で講演をする時に「今の日本の教育に不安がある人は？」って聞くと、ほぼ全員が手を挙げてくれる。ではなぜ不安かというと、ここが第3章で話したことにもつながってくる部分なんだ。要は**日本がビジョンや目標を失ってしまっている状態で、これから世界の中で、日本がどんな役割を担い、世界を良くするために何をすればいいかを考えないままに、そしてリーダーも生み出さないまま、「画一的に言われたことをきちんとできる人をつくる教育」をやっているということ。だから「今だけ、金だけ、自分だけ」の人ばかりが増えて、社会が停滞していて、みんな不安になってしまうんだ。**

こうやって考えてみると、これから作る学校でやるべきことが自然と見えてくるよね？

- **歴史などから世界の仕組みを理解し、日本の立ち位置や課題を理解する。**
- **チームとしての日本のビジョンを考えて、その実現のために自分の命をどう使うかを考え**

る。さらには地球のビジョンまで意識を広げる。

・先生や大人から教わるのではなく、自分で課題を立てて、ＩＴなどの最新技術を使いながら、それを探究していく。

・先生や周りの大人は、子供を枠にはめるのではなく、その子の発達段階に合わせて能力を引き出し、できるだけ「フロー」の状態にしてあげる。

といった感じになると思う。つまりこの本で僕が説明してきたことは、最終的にはここに繋がってくるってこと。

僕は、世界を70か国以上回って、こういった取り組みをしているところを自分の目で見てきた。特に人口の少ない国ほど、しっかりとしたビジョンを持って、数少ない子供たちの能力を最大限引き出そうとしているのが印象的だった。とはいえ、かつては日本もそういう教育をやってきたはずだ。日本にいるとなかなか見えないけれど、日本は人口も1億人以上いて、経済規模だってだんだんと縮小してきているとはいえ、いまだに世界3位の大国のポジションにいる。我が国は**ポテンシャルという意味では宝の山なのに、それを上手く活かせていないのが、僕は本当に悔しくてしょうがない。**

こうしたことを踏まえて、僕は今、**社会を変えるアントレプレナーや次世代型のリーダーを育成する場を地方につくっていく必要があると感じている。**なぜ地方かというと、都会のコンクリートの中では、人間の本来持っている能力が十分に出し切れないからだ。本書の中で、何度も自然の近くで生活することの大切さを説明してきたのは、最終的にはここに繋がってくるからなんだ。

僕はこれまでの学びの中で、人間は自然の一部で、より自然にシンクロした方が、地球や宇宙にあるより多くの知恵を生かすことができるということを学んだ。直感なんてまさにそれだし、スピリチュアルなメッセージなんかも全てはそこに繋がってくるだろう。そして、知恵が降りてくるのは腹の部分で、腸とか丹田のあたり。だから、食事やデトックスで腸をクリアにして、武道などで丹田を鍛えておくといいということになる。できるだけ自然に近い場所で、のびのびと子供を育てる方がいいといったのは、こうしたことを前提に考えているということも、ここで改めて理解してもらえたら嬉しい。

そして、自然の中でやるべきことはもちろん受験勉強なんかではない。自然と向き合いながら、「自分の命をどう使うか？」ということを真剣に問い続けることであって、それはすなわち、自分との対話ということになるんだと思う。さらにその前提にあるのは、僕ら一人一人はこの時代と親を選んで生まれてきたという、先人たちの考え方だ。**自分で使命を決め**

て降りてきたんだから、本来は何か社会の課題を解決したり、人を喜ばせることをやっていきたいはずなんだ。その証拠に、その目的を見つけた人は、精神が安定して長生きするということが、医学的にも証明されている。逆に見つからないと「氣《き》」を病んで病気になってしまう。学びの中で一番考えるべきことはまさにその点にあり、お金やそれを得るための職業は、そういう意味で言うと、使命のための手段に過ぎない。結婚もまた、その自分の使命を一緒に果たすためのパートナーづくりだと言うことができるだろう。それから親や教師が子供にしてあげられるのは、子供が自分の使命や志を見つけるための環境整備や、フローに入れるための見守りであり、コーチングだということなんだ。

地方には人を育む環境が残っている。一方、地方は過疎が進んでいて若い人がいなくて困っている状態だから、まさに地方にこそ、これからの教育の場が必要なんだと思っている。また、実際に地方にいい学校ができるようになると、高い意識を持った親はその地域に住みたいと考えるようになるだろう。だって、今の時代、子供の学校のために海外に移住する人がいるくらいなんだから。よって、これからの地方の活性化の中心には、「新しい学校が必要」だということになる。そしていい学校ができると、経済力があり、素晴らしい能力や面白い発想を持った大人たちや企業が、どんどん集まってくることになるだろう。そしてそういう魅力的な大人たちが、子供たちの先生になるんだ。

　だから**自治体はまず学校づくりから、民間の力を生かす流れをつくっていって、だんだんと、いいコミュニティーが出来上がってきたら、そこと海外とを繋いでいって、やがて日本の地方自治体と海外の自治体を連携させていくような発想を持てばいい。**ちなみにヨーロッパなんかはEUができて、国家間競争から都市間競争になっている。日本の自治体だって小さな国家レベルの人口を持っているんだから、それができないわけがない。さらに日本政府は地方自治体の自立を求めているんだから、こうした構想をつくって、自治体はどんどん政府に提案していけばいいと、僕は思っている。地方に自治を任せると海外勢力に占拠されるなんていう、小さい発想はもはや捨てたほうがいい。地方に権限を与える代わりに、土地の所有や参政権など、守るところは法改正でガッツリと規制をつくっていけばいいんだから。

　いい学校ができて、挑戦する面白い町が地方に出てきたら、今度はそれを横に展開する。こうすれば上手くいくじゃないか！　という実例をつくることは、ものすごく大切で、後に続く励みになるから。そしてそれを一気に広めるのは僕は民意しかないと思っている。官僚や役人といった人達の中でそういう発想を持つ人は少ないから、彼らを動かす政治家をあらかじめ集めておかないといけない。そしてそのためには、僕は新しい政党をつくっておく必要があると考えている。

戦後初めてできる国民主導の政党が、地域成功モデルを日本に広めていく原動力になる、ということなんだ。政党づくりのプロセスは、まず、世界観や政策のある程度一致した人が数十万人単位で団体をつくり、党の綱領や政策、議員になる人の要件を自分たちで決めていく。

ちなみにここで、既存の議員は入れない方がいいというのが、僕の考え。議員はどうしても自分たちが当選することを考えてしまうから、政策は大衆受けするものになりがちだし、議員要件がどうしても緩くなってしまうから。そこは自分たちの党なんだから、自分たちで政策も考えるべきだ。たとえば、社会保障を厚くしたいなら税金は上げるべきだし、公正や安全をより担保したければ、ある程度の自由の制約は受け入れないといけない。それに、日本人のための政党なんだから、議員が海外勢力に調略されないように、国籍条件などを厳格にしつつ、政府から出る歳費の他に党からも活動費を渡せるような仕組みも必要だ。

そうやって、政策が固まって議員要件もつくることができたら、党の候補者はインターネットを使って、党員が党内選挙で良い政治家を選んでいこう。そうすることで、世襲は難しくなるし、候補者の世界観や思想信条も確認できて、本当に自分たちの代弁者にふさわしいかどうかを確認することができるようになる。従来の政党のように誰かが候補者を立てて、国民の支持をお願いするのではない。国民が自分たちで考えて、決めて、お金を払って候補者を選んで、仕事を依頼するというガラス張りの政党を、ＩＴやＡＩの技術を使って**「令和」の時代の新党としてつくっていくんだ。**

みんなで考えた「運営方針」に従がって組織が動き「政治家」を選んで選挙も自分たちでやっていく。こうした「近代政党」を0《ゼロ》からつくると考えると大変だけど、ワクワクしない？　今はＩＴ技術が発展し、インターネット上でみんなの合意形成ができる時代になったから、これは決して不可能なことではなく、実現可能な構想だ。

ただ、ネット社会を見ているとリスクが大きい構想でもあるとも言える。ネットの匿名性から、批判的な意見も表面化しやすくなっていて、悪者をつくって言いたい放題言う人もたくさんいるはずだから。しかし、一度やると決めたら、そんなリスクも背負ってでもやっていく覚悟がないといけない。批判するのは簡単でも、「悪い悪い」と言っているだけでは、何も変わらないんだっていうことに、そろそろみんな気付かないと、日本の衰退はますます加速するだけだから。

だからそうではなく、なぜ今こういう問題があるのか？とか、なぜこのシステムでは上手くいかないのか？っていうことを自分たちでしっかりと考えて検証して、なんとか上手くいく方法を自分たちで主体的につくり上げていくというのが大事だし、それこそが本来の民主主義のあり方だと思っている。ここで一応断っておくけど、**僕は決して、民主主義が最高の制度だとは思っていない。**実際に今の民主主義を見ていると、大衆迎合の政治になっているなぁって、がっかりすることも多いから。でも、かと言って、それを大きく覆《くつがえ》して全体をまとめていくような一人の哲人、天才的な政治家が生まれるような土壌が今の時代にあるとは到底思えない。であれば、もっと別の方法を考えたらいい。みんなでリーダーを育て上げていって、みんなで「こういう社会に暮らしたいね」とか「こういうルールの方がいいよね」っていうふうに、みんなが合意できて、納得ができるものを一緒につくり上げればいい。つまり僕が言いたいのは、そういう意味での民主主義ということなんだ。

「CGS」や「イシキカイカク大学」っていうのは、そういう社会のあり方を議論する学び場であり、プラットフォームになればいいと思ってこれまで運営してきた。そこから国民運動を起こしていって、それを最終的に政治の世界に繋げていく。そういうことを、僕はこれからも地道に続けていく必要があると思う。

そしてそこまでできてくると、僕が10年間続けてきた「龍馬プロジェクト」にも、大きな意味が生まれるんだ。価値観を共有できていて、実際の政治をやってきて、志で繋がったメンバーが全国にいる意義は大きい。メンバーは自民党所属が多いけれど、新しい政党を作ったからといってすぐに政権が担えるわけではないのだから、自民党にはこれからも役割があると思う。ただ、どこでも老舗にはしきたりがあって、スピード感を持って動けないという難点もあるから。だから国民の声を新しい形で届ける政党が、自民党なんかと連携してやっていくことが必要になってくるんだ。

これはひょっとしたら途方もない構想かもしれないけれど、教育から日本を変えていきたいと、僕自身が思って12年以上政治に関わって挑戦と失敗を繰り返し、70か国以上の国を回りながら、政治家や起業家の仲間と考えてきた構想でもある。だから僕は自分の使命を全うするためにも、この方向でこの先の自分の命を精一杯、フルに使ってみようと考えている。

こういう話をすると、「そんなことをやって何か得があるの?」「政党をつくって議員がやりたいの?」なんて動機を聞かれることも多い。でもそんな時、僕はそういう人に向かってこんな話をするんだ。

「木を植えて未来に贈りたい」

日本の国土は約７割が森林だと言われているように、緑が豊かでいい水があり、魚も食べることができる。でもこの環境は、僕たちがつくったものじゃない。この素晴らしい恩恵を受けることができているのは、僕らのおじいちゃんとかひいおじいちゃんの世代の人たちが、未来のために木を植えてくれたからなんだ。先人たちはそうやって、未来のことをちゃんと考えて、次の世代に繋がるように、「植樹」をしてくれた。

　そう。**昔は「未来へ命を繋げる」という発想が、当たり前にあったんだ。**だから僕たちも、ただ環境を消費するだけではなくて、次の世代に繋いでいかないといけないと思っている。それは、**これまで先人たちが繋いでくれたことに対する感謝でもあるし、今を生きている僕たちの役割であるとも思う。**これが僕にとっての最大の動機だ。

　そしてもう一つ付け加えるなら、**僕がそういう生き方をしていけば、自分の子供が将来幸せになれると信じているからでもある。**「子供は親の背中を見て育つ」というように、僕自身も子供の良き親であり、また同時に良き先生でありたいから。そもそも未来のために木を植えてくれる人を憎む人なんていないだろう。僕ならば迷わず、好意を持って応援したくなる。そして人から応援してもらえる生き方ができれば、それだけでも幸せな人生を送ることができるだろう。僕は自分の子供には、そんな大人になってほしいから、できる限りのことを今からやっていこうと思ってる。

この本を読んで、もし何らかのかたちで一緒に木を植えようと思ってくれる人がいたら、ぜひ僕たちの活動に参加してほしいと思う。教育でも、まちづくりでも、情報発信でも、政治活動でも、どんな分野でもいい。もし直感的にピンとくることであったり、自分の得意分野を発揮できることがあれば、いくらでも関わってもらえるチャンスがあるから。

僕としては、「今だけ、金だけ、自分だけ」を超えた、熱い想いがある人であれば、いつだって大歓迎だ。

あとがき

さて、どうだっただろう？　ここまで読んで、あなたの「心のスイッチ」は「オン」になっただろうか？

ここまでいろいろ話しておいて最後に無責任なことを言うようだけれど、「スイッチ」が「オン」になると実は結構しんどい（笑）

なぜかというと、今まで見えなかったことが見えるようになるし、知らなくていいことがわかってしまうからだ。そして、**日本のことや地球のことが我が事になってしまい、「今だけ、金だけ、自分だけ」の状態ではでは生きられなくなってしまうから。**さらに今まで話が合っていた友人たちと、話だって合わなくなる、なんてことも起きてくる。

でもここで、「おいおい！　そんなスイッチ入れるなよ！」と突っ込みを入れたくなったという方々に朗報。この「スイッチ」の入った状態を、僕は「**大和魂に火がつく**」とか「**日本精神に目覚める**」と言い換えたりもするんだけど、イシキカイカク大学の講師をお願いした脳神経外科医の篠浦伸禎《しのうらのぶさだ》先生によると、「日本精神に目覚めた」人は、そうでない人よりボケにくく、健康も維持できるということだ。だからせっかく「オン」になってくれた人がいたら、すぐに「オフ」しないように、なんとか維持してほしいと思う。

スイッチが入った状態で、日本の状態を俯瞰《ふかん》すると、日本がヤバイ状態だと気付けるようになると思うんだ。でもその時がやってきたら、いよいよ自分の身に起こったその大切な気付きをまわりのみんなに伝えて、未来に木を植えるつもりで１００年後の日本のことを一緒に考えてみてほしい。**そういう人が増えるだけで、日本が復活する可能性が高まる。**なぜかというと、現代の一番の問題は多くの人が教育やメディアのせいで、思考停止していたり、お金でコントロールされていることが原因だから。そんなピンチの状態にあるからこそ、それをきっかけに気付く人が増えていけば、すごいことになるかもしれない。ある日突然状況が反転して、状況が大きく変わってしまうことだって、あるはずだから。

そう。ピンチはいつだってチャンスになり得るんだ。

そしてその時、チャンスの先にある、こんな日本の姿をイメージしてみてほしい。

そしてそこで、チャンスの先にある日本の姿をイメージしてみてほしい。

「温厚で、人を傷つけたり、人から何かを奪うことなど考えていない。目に見えないものを大切にして、国民や世界の平和を日々祈っている。力があっても軍事力やお金の力で押さえつけるのではなく、お金や知恵を提供して、周りから尊敬され、愛されている。」

そんな日本になったらものすごく素敵じゃない？

そしてこの理想を、身をもって示しているのが日本の天皇に他ならない、と僕は思っている。だから僕は本書の中で「**日本が天皇陛下のような国になる**」ことをビジョンにすればいいのでは、と提案したんだ。もちろんそんな平和ボケしたことじゃダメだって言われることも承知だけれど、実は今の日本はすでに平和ボケしきっていて、かえってどこからも警戒されてないというのが現状なんだ。悲しいことに、「日本なら大丈夫だ」と良くも悪くも信頼されている（笑）。この日本ブランドを逆手にとって上手く使って、「独立自尊・道義国家・共生文明」を成し遂げる新しい日本をつくり、世界にこの国の魅力を発信して、賛同者を増やしていこう。

それこそが本書で示したような、「**軍事力は持っていても、戦いは仕掛けない。専守防衛のみ。お金はあるんだけれど、独り占めせず貧しいところにもしっかりと分配する。お人よしと言われているけれど、決して何も考えていないわけではなく、道義をもって相手に接することができる、国民一人一人の精神性が高く、幸せな国。**」それが僕らの目指す、本当の日本の姿なんじゃないかな。

そして、この日本モデルが世界に広がっていけば、「うしはく」政治はやがて、地球の表舞台からすっかり消えてしまうことになるだろう。すると宇宙全体で見た地球人のレベルが上がり、次の宇宙というステージや、より高次元の世界へと、僕らはいよいよ入っていける可能性が出てくる。僕は世界を70か国以上回ってきて、日本以外にこうしたモデルを世界に発信できそうな国をまだ見つけていない。

そう考えると、**これからの世界の命運は、実は今の日本に生きている我々にかかっているのかもしれない**。誇大妄想かもしれないけれど、そこまでイメージを広げることができれば、日本の立て直しは「命を懸けてやる価値のある仕事」だって思えてくるんじゃないかな？

本書を読んで、こんなイメージを共有してくれる仲間がいたら僕は、これからの未来を、共に歩んでいきたいと思う。「人々が美しく心をよせ合う中で文化が生まれて育つ」、「令和」の時代が本格的に幕を開けた、この新たな時代のスタートに、同じ使命を持ってともに力強く歩んでいける、素晴らしい仲間たちに出会えることを心から願っている。

令和元年5月

神谷宗幣

米國及英國ニ對スル宣戰ノ詔書

【原文】

天佑ヲ保有シ萬世一系ノ皇祚ヲ踐メル大日本帝國天皇ハ昭ニ忠誠勇武ナル汝有衆ニ示ス

朕茲ニ米國及英國ニ對シテ戰ヲ宣ス朕カ陸海將兵ハ全力ヲ奮テ交戰ニ從事シ朕カ百僚有司ハ勵精職務ヲ奉行シ朕カ衆庶ハ各〻其ノ本分ヲ盡シ億兆一心國家ノ總力ヲ擧ケテ征戰ノ目的ヲ達成スルニ遺算ナカラムコトヲ期セヨ

抑〻東亞ノ安定ヲ確保シ以テ世界ノ平和ニ寄與スルハ丕顯ナル皇祖考丕承ナル皇考ノ作述セル遠猷ニシテ朕カ拳〻措カサル所而シテ列國トノ交誼ヲ篤クシ萬邦共榮ノ樂ヲ偕ニスルハ之亦帝國カ常ニ國交ノ要義ト爲ス所ナリ今ヤ不幸ニシテ米英兩國ト釁端ヲ開クニ至ル洵ニ已ムヲ得サルモノアリ豈朕カ志ナラムヤ中華民國政府曩ニ帝國ノ眞意ヲ解セス濫ニ事ヲ構ヘテ東

亞ノ平和ヲ攪亂シ遂ニ帝國ヲシテ干戈ヲ執ルニ至ラシメ茲ニ四年有餘ヲ經タリ幸ニ國民政府更新スルアリ帝國ハ之ト善隣ノ誼ヲ結ヒ相提攜スルニ至レルモ重慶ニ殘存スル政權ハ米英ノ庇蔭ヲ恃ミテ兄弟尚未タ牆ニ相鬩クヲ悛メス米英兩國ハ殘存政權ヲ支援シテ東亞ノ禍亂ヲ助長シ平和ノ美名ニ匿レテ東洋制覇ノ非望ヲ逞ウセムトス剩ヘ與國ヲ誘ヒ帝國ノ周邊ニ於テ武備ヲ增强シテ我ニ挑戰シ更ニ帝國ノ平和的通商ニ有ラユル妨害ヲ與ヘ遂ニ經濟斷交ヲ敢テシ帝國ノ生存ニ重大ナル脅威ヲ加フ朕ハ政府ヲシテ事態ヲ平和ノ裡ニ囘復セシメムトシ隱忍久シキニ彌リタルモ彼ハ毫モ交讓ノ精神ナク徒ニ時局ノ解決ヲ遷延セシメテ此ノ間却ツテ益〻經濟上軍事上ノ脅威ヲ增大シ以テ我ヲ屈從セシメムトス斯ノ如クニシテ推移セムカ東亞安定ニ關スル帝國積年ノ努力ハ悉ク水泡ニ歸シ帝國ノ存立亦正ニ危殆ニ瀕セリ事既ニ此ニ至ル帝國ハ今ヤ自存自衞ノ爲蹶然起ツテ一切ノ障礙ヲ破碎スルノ外ナキナリ

皇祖皇宗ノ神靈上ニ在リ朕ハ汝有衆ノ忠誠勇武ニ信倚シ祖宗ノ遺業ヲ恢弘シ速ニ禍根ヲ芟除シテ東亞永遠ノ平和ヲ確立シ以テ帝國ノ光榮ヲ保全セムコトヲ期ス

御名御璽

昭和十六年十二月八日

【口語訳】

神々のご加護を保有し、万世一系の皇位を継ぐ大日本帝国天皇は、忠実で勇敢な汝ら臣民に示す。

朕はここに、米国及び英国に対して宣戦を布告する。

朕の陸海軍将兵は、全力を奮って交戦に従事し、朕のすべての政府関係者はつとめに励んで職務に身をささげ、朕の国民はおのおのその本分をつくし、一億の心をひとつにして国家の総力を挙げ、この戦争の目的を達成するために手ちがいのないようにせよ。

そもそも、東アジアの安定を確保して、世界の平和に寄与する事は、大いなる明治天皇と、その偉大さを受け継がれた大正天皇が構想されたことで、私が常に心がけている事である。

そして、各国との交流を篤くし、万国の共栄の喜びをともにすることは、帝国の外交の要としているところである。

今や、不幸にして、米英両国と争いを開始するにいたった。

まことにやむをえない事態となった。このような事態は、私の本意ではない。残念なことに（内乱状態にある）中国は、以前より我が帝国の真意を理解せず、みだりに闘争を起こし、東アジアの平和を乱し、ついに帝国に武器をとらせる事態にいたらしめ、もう四年以上経過している。

さいわいに国民政府は南京政府に新たに変わった。帝国はこの政府と、善隣の誼（よしみ）を結び、ともに提携するようになったが、重慶に残存する蒋介石一味は、米英の庇護を当てにし、兄弟である南京政府と、いまだに相互のせめぎあう姿勢を改めない。

米英両国は、残存する蒋介石政権を支援し、東アジアの混乱を助長し、平和の美名にかくれて、東洋を征服する非道な野望をたくましくしている。

それだけでなく、くみする国々を誘い、帝国の周辺において、軍備を増強し、わが国に挑戦し、更に帝国の平和的通商にあらゆる妨害を与へ、ついには意図的に経済断行をして、帝国の生存に重大なる脅威を加えている。

朕は政府に事態を平和の裡（うち）に解決させようとし、長い間、忍耐してきたが、米英は、少しも互いに譲り合う精神がなく、むやみに事態の解決を遅らせようとし、その間にもますます、経済上・軍事上の脅威を増大し続け、それによって我が国を屈服させようとしている（ABCD包囲網）。

このような事態がこのまま続けば、東アジアの安定に関して我が帝国がはらってきた積年の努力は、ことごとく水の泡となり、帝国の存立も、まさに危機に瀕することになる。

ことここに至っては、我が帝国は今や、自存と自衛の為に、決然と立上がり、一切の障害を破砕する以外にない。

皇祖皇宗の神霊をいただき、私は、汝ら国民の 忠誠と武勇を信頼し、祖先の遺業を押し広め、すみやかに禍根をとり除き、東アジアに永遠の平和を確立し、それによって 帝国の光

栄の保全を 期すものである。

御名御璽

昭和16年12月8日

東亞戰爭終結ニ関スル詔書

【原文】

朕深ク世界ノ大勢ト帝国ノ現状トニ鑑ミ非常ノ措置ヲ以テ時局ヲ収拾セムト欲シ茲ニ忠良ナル爾臣民ニ告ク

朕ハ帝国政府ヲシテ米英支蘇四国ニ対シ其ノ共同宣言ヲ受諾スル旨通告セシメタリ

抑々帝国臣民ノ康寧ヲ図リ万邦共栄ノ楽ヲ偕ニスルハ皇祖皇宗ノ遺範ニシテ朕ノ拳々措カサル所曩ニ米英二国ニ宣戦セル所以モ亦実ニ帝国ノ自存ト東亜ノ安定トヲ庶幾スルニ出テ他国ノ主権ヲ排シ領土ヲ侵スカ如キハ固ヨリ朕カ志ニアラス然ルニ交戦已ニ四歳ヲ閲シ朕カ陸海将兵ノ勇戦朕カ百僚有司ノ励精朕カ一億衆庶ノ奉公各々最善ヲ尽セルニ拘ラス戦局必スシモ好転セス世界ノ大勢亦我ニ利アラス加之敵ハ新ニ残虐ナル爆弾ヲ使用シテ頻ニ無辜ヲ殺傷シ惨害ノ及フ所真ニ測ルヘカラサルニ至ル而モ尚交戦ヲ継続セムカ終ニ我カ民族ノ滅亡ヲ招来スルノミナラス延テ人類ノ文明ヲモ破却スヘシ斯ノ如クムハ朕何ヲ以テカ億兆ノ赤子ヲ保シ皇祖皇宗ノ神霊ニ謝セムヤ是レ朕カ帝国政府ヲシテ共同宣言ニ応セシムルニ至レル所以ナリ

朕ハ帝国ト共ニ終始東亜ノ解放ニ協力セル諸盟邦ニ対シ遺憾ノ意ヲ表セサルヲ得ス帝国臣民ニシテ戦陣ニ死シ職域ニ殉シ非命ニ斃レタル者及其ノ遺族ニ想ヲ致セハ五内為ニ裂ク且戦傷ヲ負イ災禍ヲ蒙リ家業ヲ失ヒタル者ノ厚生ニ至リテハ朕ノ深ク軫念スル所ナリ惟フニ今後帝国ノ受クヘキ苦難ハ固ヨリ尋常ニアラス爾臣民ノ衷情モ朕善ク之ヲ知ル然レトモ朕ハ時運ノ趨ク所堪ヘ難キヲ堪ヘ忍ヒ難キヲ忍ヒ以テ万世ノ為ニ太平ヲ開カムト欲ス

朕ハ茲ニ国体ヲ護持シ得テ忠良ナル爾臣民ノ赤誠ニ信倚シ常ニ爾臣民ト共ニ在リ若シ夫レ情ノ激スル所濫ニ事端ヲ滋クシ或ハ同胞排擠互ニ時局ヲ乱リ為ニ大道ヲ誤リ信義ヲ世界ニ失フカ如キハ朕最モ之ヲ戒ム宜シク挙国一家子孫相伝ヘ確ク神州ノ不滅ヲ信シ任重クシテ道遠キヲ念ヒ総力ヲ将来ノ建設ニ傾ケ道義ヲ篤クシ志操ヲ鞏クシ誓テ国体ノ精華ヲ発揚シ世界ノ進運ニ後レサラムコトヲ期スヘシ爾臣民其レ克ク朕カ意ヲ体セヨ

御名御璽

昭和二十年八月十四日

【口語訳】

朕は、深く世界の大勢と、帝国の現状をかえりみて、非常措置をもって事態を収拾しようと考え、ここに忠実にして善良なる汝ら臣民に告げる。

朕は、帝国政府に、米英中ソの四国に対し、そのポツダム宣言を受諾する旨、通告させた。

そもそも、帝国臣民の安寧をはかり、万国が共存共栄して楽しみをともにすることは、天照大御神からはじまる歴代天皇・皇室が遺訓として代々伝えてきたもので、朕はそれをつねづね心がけてきた。

先に米英の二国に宣戦した理由も、実に帝国の独立自存と東アジア全域の安定とを希求したものであって、海外に出て他国の主権を奪い、領土を侵略するがごときは、もとより朕の志すところではない。

しかるに、交戦状態はすでに4年を過ぎ、朕の陸海軍の将兵の勇敢なる戦い、朕のすべての官僚役人の精勤と励行、朕の一億国民大衆の自己を犠牲にした活動、それぞれが最善をつくしたのにもかかわらず、戦局はかならずしも好転せず、世界の大勢もまたわが国にとって有利とはいえない。

そればかりか、敵国は新たに残虐なる原子爆弾を使用し、いくども罪なき民を殺傷し、その惨害の及ぶ範囲は、まことにはかりしれない。

この上、なお交戦を続けるであろうか。

ついには、わが日本民族の滅亡をも招きかねず、さらには人類文明そのものを破滅させるにちがいない。

そのようになったならば、朕は何をもって億兆の国民と子孫を保てばよいか、皇祖神・歴代天皇・皇室の神霊にあやまればよいか。

以上が、朕が帝国政府に命じ、ポツダム宣言を受諾させるに至った理由である。

朕は、帝国とともに終始一貫して東アジアの解放に協力してくれた、諸々の同盟国に対し、遺憾の意を表明せざるをえない。

帝国の臣民の中で、戦陣で戦死した者、職場で殉職した者、悲惨な死に倒れた者、およびその遺族に思いを致すとき、朕の五臓六腑は、それがために引き裂かれんばかりである。

かつ、戦傷を負い、戦争の災禍をこうむり、家も土地も職場も失った者たちの健康と生活の保証にいたっては、朕の心より深く憂うるところである。

思うに、今後、帝国の受けるべき苦難は、もとより尋常なものではない。

汝ら臣民の真情も、朕はよく知っている。

しかし、ここは時勢のおもむくところに従い、耐えがたきを耐え、忍びがたきを忍び、それをもって万国の未来、子々孫々のために、太平の世への一歩を踏み出したいと思う。

朕はここに、国家国体を護り維持しえて、忠実にして善良なる汝ら臣民の真実とまごころを信頼し、常に汝ら臣民とともにある。

もし、事態にさからって激情のおもむくまま事件を頻発させ、あるいは同胞同志で排斥しあい、互いに情勢を悪化させ、そのために天下の大道を踏みあやまり、世界の信義を失うがごとき事態は、朕のもっとも戒めるところである。

そのことを、国をあげて、各家庭でも子孫に語り伝え、神国日本の不滅を信じ、任務は重く道は遠いということを思い、持てる力のすべてを未来への建設に傾け、道義を重んじて、志操を堅固に保ち、誓って国体の精髄と美質を発揮し、世界の進む道におくれを取らぬよう心がけよ。

汝ら臣民、以上のことを朕が意志として体せよ。

御名御璽

昭和20年8月14日

神谷宗幣（かみや　そうへい）

参政党事務局長。予備自衛官。

イシキカイカク株式会社代表取締役。

大学卒業後は高校で歴史と英語を教え、法科大学院で法律を学び、29歳で吹田市議会議員に当選。平成21年、地方から日本を変えたいと「龍馬プロジェクト全国会」を発足。以来代表を務める。平成25年にはインターネットチャンネル「CGS」を開設し、政治や歴史、経済をテーマに番組を配信中。令和2年、「参政党」を結党し、世の中の仕組みやあり方を伝えながら、国民の政治参加を促している。

『子供たちに伝えたい「本当の日本」』『日本のチェンジメーカー～龍馬プロジェクトの10年』『国民の眠りを覚ます「参政党」』（小社）

子供たちに伝えたい「本当の日本」

令和元年5月23日　初　版　発　行
令和4年9月1日　第 10 刷 発 行

著者　神谷宗幣
発行人　蟹江幹彦
発行所　株式会社　青林堂
〒150-0002　東京都渋谷区渋谷3-7-6
電話　03-5468-7769
装幀　有限会社アニー
印刷所　中央精版印刷株式会社

Printed in Japan

ISBN 978-4-7926-0649-7

国民の眠りを覚ます「参政党」

吉野敏明
神谷宗幣

教育・医療・政治の分野で活動してきた二人が日本の課題を語り合う。すると行き着く答えは同じだった。国民の覚醒を訴える二人の渾身のメッセージ。

定価1500円（税抜）

参政党の吉野と赤尾が語るブレない生き方

吉野敏明
赤尾由美

日本の医療問題に立ち向かう吉野敏明と日本式ものづくり経営に励む赤尾由美。2人が人生から得た教訓と苦境を突破する方法を語り合う！

定価1500円（税抜）

日本のチェンジメーカー～龍馬プロジェクトの10年～

神谷宗幣（編）

5人の地方議員から始まった龍馬プロジェクト。日本のチェンジメーカーたちが本書に綴った10年間変わることない気概と矜持！

定価1200円（税抜）

赤尾由美の辻説法

赤尾由美

「大日本愛国党」初代総裁・赤尾敏氏の姪にしてアカオアルミ（株）取締役会長。グローバル経済に依存しないものづくり経営者の姿勢は、日本企業に元気と勇気を与えます！

定価1500円（税抜）